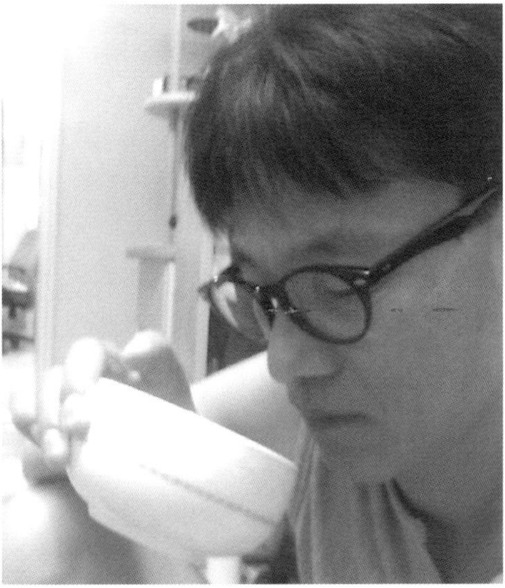

사진_ 차한솔

차승주

난장

애지시선 082

난장

2019년 6월 29일 초판 1쇄 발행

지은이 차승호
펴낸이 윤영진
홍 보 한천규
펴낸곳 도서출판 애지
등록 제 2005-000005호
주소 34570 대전광역시 동구 대전천북로 12
전화 042 637 9942
팩스 042 635 9941
전자우편 ejiweb@hanmail.net

ISBN 978-89-92219-83-9 03810

애지시선 082

난장

차승호 시집

□ 시인의 말

시간의 한복판을 지났다.
몸도 마음도 시차에 적응하기가
쉽지 않다.
만성으로 남은 희망이
잘 낫지 않는다.

2019년 이 산 저 산 꽃이 피니
차승호

차례

제2부

제3부

제4부

〈일러두기〉

1. 시집 속 「심청가」 「홍보가」 관련 내용은 『현대화 사설 본 심청가 홍보가』(장미영 외, 민속원, 2005)에서 인용 변형하였음.
2. 시집 속 「수궁가」 「적벽가」 관련 내용은 『현대화 사설 본 수궁가 적벽가』(장미영 외, 민속원, 2005)에서 인용 변형하였음.
3. 시집 속 「춘향가」 관련 내용은 『현대화 사설본 춘향가』(장미영 외, 민속원, 2005)에서 인용 변형하였음.
4. 시집 속 「변강쇠가」 관련 내용은 『낭송 변강쇠가/적벽가』(이형진 · 최정옥, 북드라망, 2014)에서 인용 변형하였음.
5. 시집 속 고려가요 관련 내용은 『가려 뽑은 고려 노래』(윤성현, 현암사, 2011)에서 인용하였음.
6. 시집 속 민요 관련 내용은 『한국민족문화대백과사전』(이현재, 한국정신문화연구원, 1991), 『한국민요가사전집』((사)서도소리진흥회, 휴먼앤북스, 2011)에서 인용 변형하였음.
7. 본문에서 〉는 '단락 공백 표시' 로 한 연이 새로 시작된다는 표시이다.

제1부

밥

나는 모른다 푸른 들판 쌀이 되기까지 밥이 되기까지 도정을 모른다 논바닥 빈틈없이 지문 찍는 맨발의 뜨거움을 모른다

한 사발 밥 앞에 경건한 적 있었던가?

놀란고라니경중최대한멀리뛰기삼보일배

이건 순전히 들은 얘기라 믿거나 말거난디, 모 지역 정가에 출사표 던지고 지역 심부름꾼으로 나서섰던 분 이바구여

예나 시방이나 선거하면 운동 아닌가베 지구상에 존재하는 운동 중에 올림픽 종목에 낑기지도 못하면서 월드컵처럼 관심 많은 운동은 선거운동밖에 읎으니께 선거 때만 되면 다들 운동 운동 하는 거 아니겄어

선거라는 게 대개 상대방 선수가 있기 마련이어서 출전하는 분들 무조건 튀는 선거운동 무조건 튀어 보이는 게 무얼까, 공통적으로 큰 고민 같더먼

이 양반도 그 공통적인 큰 고민 때문에 고민이 많으셨던 모양이지 어디서 봤는지 어디서 들었는지 아니면 고민 고민 중에 무슨 영감 같은 게 번득 스치면서 대오각성하신 것인지 선거구 순례 삼보일배를 하기로 마음 접수셨다능 겨

알다시피 삼보일배라는 게 세 걸음 걷고 절 한번 하는 거라 쉬워 보여서 얕잡아본 마음 있었는지 민심이 곧 천

심이니께 천심 감동시키려는 읍소의 마음 있었는지 그건 뭐 당사자만 아는 일이고 아무래도 당시로는 좀 튀기는 했지

아무개 후보 선거구 순례 삼보일배를 한다는 소문 금세 이슬비 내리는 저녁 굴뚝 연기처럼 짜하게 퍼져 당일날 구경꾼들 제법 모여들었을 거 아닌가베

구경꾼이 뭔가? 선거에서 구경꾼이야 말로 당락의 변수로 작용하는 알짜배기 막강 파워층이요 평소 존경하고 싶지 않아도 친애하고 싶지 않아도 언제나, 항상, 한결같이, 일편단심 민들레로 존경하고 친애하여 간이라도 빼주고 싶은 유권자 여러분 아니시던가

이 한 몸 낙후된 지역 발전을 위하여 초개와 같이 불사르겠시다, 소신공양 출사의 변 외쳐가며 이 양반 기세 좋게 삼보일배 출발을 허셨것다

우리네 하기 좋은 말로 삼보일배지 오금다리 저려서 제사 지내기도 힘겨운 판에 세 걸음 걷고 땅바닥 한번 엎드려야 한다는 게 한두 번도 아니고 보통 일이었겄어

백문이 불여일견이라지만 쉬워 보인다고 다 쉬운 것도 아니고 이해하기 쉬운 시라고 쉽게 썼다고 생각하면 큰코 다치는 것처럼 어떤 일은 손가락으로 찍어 먹어봐야 똥인지 된장인지 확실하게 알 수 있잖나베

더구나 이 양반은 유지 축에 들어가는 인사여서 내가 유지입네 내가 나네 하면서 사람들한테 절 받은 적은 있어도 언제 절을 해봤어야지 절이란 게 유권자 많이 모일 것 같은 초파일날 연등이나 달러 가는 데로 알지 않았겄냐고? 불가에 뜻이 있어 단련된 것도 아니었을 테고 말이지

게다가 구경하는 사람들이라고 해봐야 인근 삼동네 사람들이지 뭐 별사람 있었겄나? 테레비에서나 보던 삼보일밴가 뭔가 한다니께 호기심에 모였을지 몰라도 머리 희끗희끗한 양반 안쓰럽기나 하지 세 걸음 걷고 한번 절하고 세 걸음 걷고 한번 절하는 게 뭐 볼 게 있었겄어

왁자하게 박수 치던 사람들 베잠방이 방귀 새듯 시큰둥 하나 둘 떠나고 나중에는 마누라하고 선거캠프 몇몇 지지자들만 엉거주춤 따라오는데 맥빠지고 기분 잡쳤을 테지

잡친 게 기분뿐이었으면 그나마 다행이게 보나마나 나이 들어 안 좋아진 허리 삐거덕거렸을 테고 신혼 때 말고는 까진 적 읎는 무르팍 까질 대로 까져 진물 흘렀을 테고 정신이나 있었겄남? 머릿속에서 연방 에밀레 종소리 뎅뎅거리고 욱신거리고 골 때리는 게 도저히 답 읎었을 거 아닌가베

하아, 복수불반분覆水不返盆이라 이거 좆 되었구나 찜질

방 가서 악수나 하고 명함이나 돌릴걸 후회를 해봐도 문주란이 부른 〈동숙의 노래〉처럼 때는 늦으리 아녔겠냐고? 한번 뱉은 말꼬리에는 체면이란 놈이 붙어 있는 법 남들 눈이란 게 있으니 중동무이할 수도 읎는 노릇이고 얼마나 답답했겄냔 말여

아마 그게 상대진영 후보자 측 인사라는 말도 있고 말 만들기 좋아하는 빽덕어멈이라던가 놀부 여편네라던가 출처가 분명하진 않지만 할 일이 읎었던지 심심했던지 좌우지당간 끝까지 지켜봤던 사람 있었던 모양이지

자신만만하게 우리네 보통걸음으로 시작했던 삼보일배가 한 시간쯤 지나니께 은근슬쩍 큰 걸음 삼보일배로 보폭을 넓히더라데, 슬슬 꾀가 난 거지

고라니 겅중거리는 거 봤나? 사부작사부작 시간 반이나 또 지났을까? 이번에는 슬그머니 경운기 소리에 놀란 고라니 겅중거리듯 컴퍼스 있는 대로 찢어가며 겅중걸음으로 갈아타더랴

삼보일배라고 해서 보폭까지 정확하게 정한 규정 같은 건 읎을 테고 혹 시행령이나 시행규칙으로 정해진 게 있더라도 종교적 의미가 아니라 야메로 표 많이 받게 해달라는 삼보일배니께 보폭이 중요한 건 아니겄지만 아무래도 모양새가 좀 이상했겄지

그렇다고 대놓고 뭐라 할 수도 읎고 다들 분위기에 눌려 터져 나오는 웃음보 옥죄느라 따르던 사람들까지 표정 야릇하게 변했다더먼

무구無垢한 삼보일배가 경중걸음 최대한 멀리뛰기 삼보일배가 된 거지

하기사 이 양반이라고 뭐 겅중거리고 싶어서 겅중거렸겄나? 힘들고 지치는 건 둘째 치고 마음속에서는 오직 하나 한시라도 빨리 천심에 다가서고 싶은 마음의 발로로다 누림이* 마냥 보폭 늘리다 보니께 자연스럽게 놀란 고라니 걸음 됐을 테지, 안 그려?

나중에 그런 가상한 마음 반영됐는지 어쨌는지 아무개 후보 삼보일배를 두고 뭇 입술에서 입술로 옮겨지면서 선거구? 아니지, 이 양반한테는 선거구가 아니라 성지 아녔겄남? 성지순례 그 갸륵한 뜻을 기리는 뜻으로다 놀란고라니겅중최대한멀리뛰기삼보일배라고 다소 길고 외우기도 어렵지만 유서 깊어질 이름 붙었다더먼

원래 사람 입술에다 입술을 층으로 얹다보면 종래에는 침도 묻고 립스틱도 묻고 보태지기 마련이잖나베

어쨌거나 고라니마냥 겅중거렸건 도움닫기 멀리뛰기를 했건 선거구 투어를 마치기는 마친 거니께 대단하기는 대단한 일이지

헌데 말여, 이쯤에서 해피하게 끝났으면 얼마나 좋았겠어? 삼보일배 선거구 투어를 열두 시간 만에 끝내기는 끝냈어도 이미지 상승 홍보만점의 달달한 열매를 누리지는 못했다더면 개갈 안 나는 저질체력이 고춧가루 확 뿌렸다고나 할까

노구를 혹사하다보니께 탈진에다가 어지럼증에다가 대테러 진압 5분 대기조로도 쉽게 제압할 수 없는 혈압 폭동으로 심전도 약탈당하는 바람에 퍼벅도 아니고 퍼버벅 쓰러져 곧바로 119 타고 병원신세를 졌다지 뭔가

그 모습 흡사 모란의 낙화처럼 분분했다던가?
모란처럼 산화한 거지
그 모습 흡사 동백의 낙화처럼 장렬했다던가?
동백처럼 산화한 거지
그 모습 흡사 수련의 낙화처럼 자취 없었다던가?
수련처럼 산화한 거지

그래도 이 양반 집념이 보통 악착같은 게 아녔더라고 119 실려 가면서도 그 정신 오명가명 하는 와중에도 목소리 가다듬어 외마디 소리로 그냥 내질렀다잖어

이 사람 한번 뱉은 말은 끝까지 책임집니다

아아, 나는 이 대목에서 울컥 끓어오르는 게 가슴이 다 뜨거워지더면 한번 뱉은 말을 공수표로 날리지 않고 끝까지 책임진다니 요즘 보기 드문 건 둘째 치고 천연기념물적인 죽편竹片 아닌가 말여

선거결과? 그 정도 지극정성 들였으니 잘 되었겠지 지역 정가에 전설로 유전될 정도면 잘 되었다고 봐야지 않겠나

여담이기는 한데 이것도 선거결과에 포함되는지는 잘 모르겠지만 선거운동기간 내내 애꿎은 마누라만 선거운동 하느라 한로寒露처럼 늙었다던가, 상강霜降처럼 늙었다던가, 팍삭 곯았다던가

이렁저렁 시트콤처럼 끝나긴 했어도 그 뒤로 그 지역 심부름꾼 자처하시는 양반들 때 되면 한 번쯤 놀란고라니 경중최대한멀리뛰기삼보일배를 생각한다는 것인데

글쎄, 밑져야 본전 아니겠나? 돈 드는 것도 아니고 돈 안 드는 선거 모토에 부응도 하면서 한번 해보는 건 어떨까 몰라

정 어려울 것 같으면 십보일배도 있고 백보일배도 괜찮고 그도 저도 아니면 심오한 뭔가가 있어 보이게 백팔보일배는 또 어떤가, 아니면 제목이라도 거창하게 팔만사천보일배 하는 것도 뭐 나쁘진 않을 것 같고 말여

웃자는 이바구여 따지고 보면 그런 짓거리도 다 지사적인 뜻이 있어야 가능한 일이니께 자네나 나 같은 소심한 유권자 여러분은 그냥 도시락이나 싸가지고 소주나 한잔 하면서 구경이나 하자는 거지 누림이나 부쳐 먹자는 거지

* 부침개.

그래, 쌀자루

더 이상 폐가 망가지기 전에 담배부터 끊으시오 금연 상담 받으러 애린의원에 들렀는데 의사 선생님 책상 위에 환자 설명용 샘플 비아그라가 앉아 있는 거라 푸른 별처럼 반짝였다고나 할까 눈에 확, 띄는 거 있지

그런디 저 웃목에 있는 뻘건 것이 뭣이냐? 화초장이올시다 그 속에 뭐 들었느냐? 은금보화가 가득 들었습지요

오오, 말로만 듣던 그 변강쇠(?) 금연상담보다 먼저 호기심 눈길 던지니 의사 선생님 다 안다는 듯 금연 처방과 더불어 감사하게도 비아그라 처방은 어떤지 은근슬쩍 물어주는 게 아니겄어

마음은 불감청이언정 고소원이올시다, 하고 싶었지만 입안에서 나온 발화는 글쎄올시다, 나이가 나이니만큼 그전 같지는 않지요

〉

형님, 내일 하인에게 지어 보낼테니 그냥 건너가십시오
에이 씨식잖은놈, 나 간 뒤에 좋은 보물은 다 빼내고 빈 궤만 보낼라고?

뭔가 꺼려진다는 듯, 나는 괜찮다는데 의사 당신이 은근히 권해서 어쩔 수 없이 비아그라 처방을 받는다는 뉘앙스의 그러나 울고 싶은데 뺨 때려주는 격이올시다, 하는 간절한 눈빛으로 지짐벅거려지는 거라

한번 써보시지요
아, 뭐, 아직은……, 고맙습니다

약국에 들러 처방전을 내미는 손 쬐끔 쪽 팔렸지만 비아그라 여덟 알이 드디어, 마침내, 그리하여, 그러므로, 그럼에도 불구하고 오십 당년 생애 최초 주머니에 들어온 거지

그거 이리 도고 내가 짊어지고 갈란다 화초장 화초장 화초장 화초장 하나를 얻었다 얻었네 얻었어 화초장 하나를 얻었다 대장부 한걸음에 화초장 하나를 얻었네
〉

이 기분을 뭐라 해야 할까, 금단의 열매를 손에 넣고 금기의 세계에 슬쩍 발을 디민 것 같은 기분이랄까

*아이고 이것이 무엇이냐? 초장? 초장 아니다 방장 천장 구들장 된장? 아니다 초장화 장화초 장초화 화장초? 아니다 아녀 화초장 하나를 얻었다**

집에 들어오자마자 턱하니 서랍 깊숙이 모시고 보니 왠지 마음 뿌듯해지는 것이 내밀한 비밀 생긴 것 같기도 하고 약육강식 무림 강호에서 든든한 호신부의 아이템 장착한 거 같기도 하고 감추면 감출수록 실실실 고장 난 전립선 오줌 새듯 웃음 흘러나오는 거라

*얼쑤, 제비 몰러 나간다 제비 후리러 나간다 복희씨 맺은 그물 에후리쳐 둘러메고 방장산으로 나간다 덤불을 툭쳐 후여 어어어 떴다 저 제비, 니가 어느 곳으로 행하나이이 이이이리워**

그렇다고 뭐 먹어봐야겠다는 마음 무장무장 일어나는 건 아니지만 정처 없던 삶에 다만 등 기댈 언덕 만난 거 같다고나 할까

〉

끝나지 않는 잔치가 없듯 들뜬 마음 진정하고 곰곰 생각해 보니 이런 기분은 살아오면서 가끔 있었지 싶은 거라 갑자기 마음 싸한 거 있지

그래, 쌀자루

들판에서 가져온 쌀자루 베란다에 들여놓을 때마다 갱년기 빈 서랍에 처방받은 비아그라보다는 좀 더 정갈하고 은근한 웃음 저절로 번지는 것이 내복 없이도 한겨울 건널 수 있을 것 같고 그랬거든

조상의 위패 같은 쌀자루

* 판소리 「홍보가」 중에서 '놀보가 화초장 얻어가는 대목', '놀보가 제비 몰러 가는 대목' 각각 인용 변형.

신처용가

어렵더라도 처용이 자네가 심 좀 써야 되겠어

농산물 상표시대에 발맞춰 마을 공동 통신판매 등록을 하고 노총각인지, 빌 공의 공처가空妻家인지 여하튼 마누라 없는 처용이네 사랑방에 펜티엄급 인터넷 장비를 차려놨다네

이제부터 농산물 주문 폭풍처럼 밀려올 모냥이니께 수시로 주문사항 체크하라며 너도나도 부자 되는 상상의 즐거운 시동을 걸었다네

*얼씨구 좋다 지화자 좋아 절로 늙은 고목 끝에 시절연화가 피었네 지화자 좋을시고 이 궁둥이 아꼈다가 논을 살까 밭을 살까 흔들 대로 흔들어 보자 얼씨구 좋다 지화자 좋아**

마을 사람들 기대에 부응하듯 그날부터 우리 처용이 마을 공동사업에 불철주야 근무를 하는지 새벽 어스름까지

사랑방은 불임, 아니 불야성

저런 총각 아직까지 그냥 놔두는 거 보면 아가씨들 눈이 뼜어도 한참 잘못 됐다는 둥 마을 사람들 입맛대로 하루아침에 농산물 CEO가 된 우리 처용이

니미, 사기 싫으면 그만 두지

장날 면전에서조차 툭하면 중국산 섞지 않았느냐 의심부터 하고, 왜 이렇게 오종종하게 생기다 말았느냐 핀잔하고 종주먹 들이대는 군상들이 개뿔이나 무슨 애향심으로 농산물 주문 밤낮으로 할까나

*연비여천에 소로기만 보아도 제비인가 의심 남비오작의 까치만 보아도 제비인가 의심 층암절벽의 비둘기만 보아도 제비인가 의심 춘일황앵의 꾀꼬리만 보아도 제비인가 의심***

가을 보내고 겨울도 보내고 새봄 오도록 컴퓨터 값도 못 건지고 애드벌룬 바람 새듯 즐거운 시동도 개털 되고 우리 처용이 몸 축났는가 두 눈 퀭한 것이 얼굴만 핼쑥해

졌다네 야야, 처용아 개고생만 했구나 막걸리나 한잔 빨자

사업실패 건수 잡아 붕붕거렸던 애욕의 마음 애무하려는지 끼리끼리 술잔 기울이니 읍내 탁배기집 주모 입만 함지박

그런디 좀 이상하구먼
통신판매 파리 날리면서 처용이는 왜 날밤 생으로 까고 있었을까나?

혼자 사는 우리 처용이는
시도 때도 없이 옆구리가 시려워
하룻밤이 여삼추
별도 달도 잠든 밤이면 밤마다
어디에 있나, 내 가ㄹ리
내 가ㄹ리, 내 가ㄹ리 주문 외우며
야구중계 즐겼다네
밤드리 야구장에서 노닐었다네

밤에 하는 야구중계도 있대유?

이런 버커리 테레비 놔두고 인터넷으로 즐기는 야구중계가 뭐겄어, 뭐겄냐고? 그래 무얼까?

*경경耿耿 고침상孤枕上애 어느 즈미 오리오****

분분한 소문처럼 대중없이 살구꽃 날리네 자욱하게 날리네 세상이 잠깐 싸구려 여인숙 손때 묻은 커튼처럼 연분홍 장막이네

*갈까부다 갈까부다 장항선 타고 서울로 갈까부다 천리라도 만리라도 갈까부다 바람도 쉬어 넘고 구름도 쉬어 넘는 수진이, 날진이, 해동청 보라매 다 쉬어 넘는 동설령 고개 넘어 장가들러 서울로 갈까부다**

마을 사람들 헛물켠 마음이 우리 처용이 헛꼴린 거시기가 시부적 시부저기 수그러들었으니, 가시는 걸음걸음 놓인 그 꽃을 사뿐히 즈려밟고**** 논이나 갈러 가시옵소서

그럼 뭐유, 야구 동영상이라능규?

* 판소리 「춘향가」중에서 '어사또 출두 후 월매 등장하는 대목', '춘향이 이몽룡을 그리워하는 대목' 각각 인용 변형.

** 판소리 「흥보가」중에서 '놀보가 제비 몰러 가는 대목' 인용 변형.

*** "근심어린 외로운 잠자리에 어찌 잠이 오리오" 고려가요 「만전춘」 중에서 인용.

**** 김소월 「진달래꽃」 중에서 인용.

유레카, 똥파리는 새다

그들은 4인조다 아침마다 아니 시시때때 70년대 송방이나 가겟방에 가까운 허름한 슈퍼 앞에 앉아 소주에 막걸리 섞어 마시는 그들은 언뜻 보면 노숙인 같지만 아니다, 그들은 주민센터에서 생계비를 받기도 하는 생계가 곤란한 4인조다

어허 샌님네요, 작년에 왔던 각설이 죽지도 않고 또 왔으니 한번 들이대도 될랑가 모르겄소?

한번은 담배 사러 갔다가 그들이 먹는 안주를 본 적 있다 불어터진 컵라면과 오래됨직한 오뎅과 국물, 잘게 쪼개놓은 삶은 계란 한 개 곤란한 생계가 곤란하지 않도록 단표누황, 박주산채, 안분지족, 단사표음을 즐기는 4인조의 표정은 그것으로도 충분히 충만해 보였다

얼씨구씨구 들어간다 절씨구씨구 들어간다 저리씨구 이리씨구 들어간다 품바품바가 들어간다

〉

그들은 트레이닝복의 원조 격인 흰색 줄무늬 투-밴드 푸른색 추리닝 차림에 삼디다스 쓰레빠를 꿰고 거리를 배회하다가도 그들만의 술시가 되면 슈퍼 앞에 앉아 소주에 막걸리를 마시며 별일도 아닌 것을 가지고 큰소리로 웃다가 큰소리로 떠들다가 큰소리로 싸운다

밥은 바빠서 못 먹소 죽은 죽을까봐 못 먹소 떡은 떫어서 못 먹소 술은 수리수리 들어간다, 저리씨구 이리씨구 들어간다 품바품바가 들어간다

쓰벌, 느그들하고 다시 술 먹으면 사람이 아니다 비가 오나, 눈이 오나, 바람이 부나, 해가 뜨나, 해가 지나, 처용처럼 도깨비처럼 춤추고 싶은 보름달 뜨거나 언제나 지겨운 마지막 레퍼토리

당신 본께로 반갑소 내 꼬라지 본께로 서럽소 주머니가 비어서 서럽소 곱창이 비어서 서럽소, 저리씨구 이리씨구 잘이 한다 품바품바가 잘이 한다

조금 전부터는 영화배우 유해진하고 축구선수 박지성

이 배 다른 형제라고 생전 씻지도 않은 것 같은 검은 얼굴 2인조가 바락바락 우겨대고 니코틴에 찌든 누런 이빨 2인조가 담배를 피우며 영화배우 유해진하고 축구선수 박지성이 배 다른 형제면 똥파리가 새라고 외친다

닮기는 많이 닮았지 인터넷에 떠도는 걸 보면 형제처럼 닮기는 했지

요놈의 소리가 요래도 천 냥을 주고 배운 소리 한 푼 벌기가 땀이 난다, 저리씨구 이리씨구 잘이 한다 품바품바가 잘이 한다

나도 모르게 그들의 목소리에 귀 기울이며 담배를 태워 무는데 검은 얼굴 2인조 기세가 꺾였는지 똥파리가 새라는 누런 이빨 2인조의 목소리만 우렁우렁 울린다

논어나 맹자를 읽었는지 자왈자왈 잘이 한다 시전 서전을 읽었는지 유식하게도 잘이 한다, 저리씨구 이리씨구 잘이 한다 품바품바가 잘이 한다

어디서 주워들었는지 모르는, 똥파리가 새라는 표현이

새삼 마음에 스며들었는지 유해진도 박지성도 쏙 들어가고 다음에 또 써먹겠다는 듯 지겨운 레퍼토리도 잊어버리고 은유만 남아 유쾌하다

냉수동이나 먹었는지 시원시원 잘이 한다 뜨물동이나 먹었는지 걸직걸직 잘이 한다, 저리씨구 이리씨구 잘이 한다 품바품바가 잘이 한다

멸치 대가리에 고추장 콕 찍어먹듯 생애 처음으로 은유의 고추장맛을 본 것인가? 아르키메데스의 환희에 찬 목소리처럼 갈갈거리며 한 건 건졌다는 듯 어디 가서 이런 기막힌 표현 찾겠냐는 듯 우쭐거리며 유레카를 외친다

유레카, 똥파리는 새다
유레카, 똥파리가 새라니깐

연배가 동네 꼰대는 아니고 놈팡이에 가까운 4인조조차 툭하면 별일도 아닌 것을 가지고 큰소리로 웃다가 큰소리로 떠들다가 큰소리로 싸우는 4인조조차 감탄하게 만드는 이걸 어떤 은유라 해야 할까?

〉

*남았네 남았어 장 자 한 장이 남았구나 십 리 백 리 가는 길에 정든 님을 만났구나, 저리씨구 이리씨구 잘이 한다 어허, 품바가 잘이 한다***

무식하게 습관적으로 시 나부랭이에 써먹던 은유의 힘 앞에 나는 잠시 담배 타들어가는 것도 잊어버리고 똥파리가 새인가에 대하여 심도 있게 고뇌하는데

어어 유레카 유레카, 파리목 똥파리과에 속하는 덩치 큰 붉은 눈깔의 똥파리 한 마리 족히 한 발은 넘을 것 같은 날개 펼쳐 송골매처럼 날렵하게 눈앞을 스친다

*전래민요 「각설이타령」 중에서 인용 변형.

수세미

요즘 애들이야 마차라면 민속촌에나 있는 몇백 년 전 유물로 알고 있지만 방앗간 번창하던 수십 년 전만 해도 마을에서 좀 방귀 깨나 뀌는 대농에는 마차가 있었단 말이지

어럴럴 상사뒤 어여루 상사뒤야, 여보시오 농부님네 이 내 말을 들어보소 어럴럴 상사뒤 에헤루 상사뒤야

우리 동네에도 제주도 조랑말쯤 될까, 땅부자였던 기와집에 마차가 있어서 볏가마니 산처럼 싣고 다녔던 거라

어럴럴 상사뒤 어여루 상사뒤야, 오뉴월이 당도하니 우리 농부 시절이로세 어여루 상사뒤 어럴럴 상사뒤야

하루는 일(?)이 되려고 그랬는지 집 뒤 왕소나무 밑에 마차를 주차해 놓고 머슴 살던 영식이 아저씨 점심 자시러 들어가지 않았겠어

〉

자랑 같지만 우리네 어릴 때는 호학好學하는 습관이 있어서 은근히 지적 호기심 발동하는 거 있지 마른 침 삼키며 선행학습으로 들었던 쇠전거리 싸가지 읎는 애새끼들 무용담도 한몫 했고 말여

어럴럴 상사뒤 어여루 상사뒤야, 이 논배미에 모를 심으니 장잎이 펄펄 영화로다 에헤루 상사뒤야

왕소나무 밑을 심심하게 왔다리 갔다리 하던 학문 좋아하는 또래들과 못된 짓(?), 못된 짓이라기보다는 모르는 것을 배우고자 하는 열망이니 호학하는 습관 아녔겄남? 그러니 아카데믹하게 생체변화를 관찰하고 싶었던 생물학적 탐구정신의 발로로 이해해 줬으면 좋겄어

뭔 소리냐고? 뭔 소린 뭔 소리겄어 조랑말 뱃구레에 늘어진 말자지를 막대기로 조근조근 건드렸다는 흰소리지 건드리면 커진다, 왕왕 커진다 쇠전거리 싸가지들이 일러줬거든

어럴럴 상사뒤 어여루 상사뒤야, 강남 땅 밤 대추는 아

그대 다그대로 열렸고 서마지기 논배미가 반달만큼 남았구나 어여루 상사뒤 어럴럴 상사뒤야

비록 막대기지만 지속적인 외부 자극에 의한 말자지의 변화를 목도하면서 호학하는 어린것들의 자세는 어떠했을까?

어럴럴 상사뒤 어여루 상사뒤야, 이 논배미 어서 심고 장구배미로 넘어가세 에헤루 상사뒤야

한마디로 막대기를 손에서 놓지 못했다는 거 아녀 팽팽하게 당겨진 송곳 같은 긴장감이 찌릿찌릿 똥꼬 찔러주는 전율 때문에 참 거시기하더라고 결정적으로 조랑말 그늠아 푸르륵 푸르륵 좋아 죽겄는지 가만 있었거든

어럴럴 상사뒤 어여루 상사뒤야, 서산에 해 지거든 암소 같은 마누라 어쩌고저쩌고 거시기하면 새끼 농부 또 태어난다 어여루 상사뒤 어럴럴 상사뒤야

점층법이라고 아나? 손에 땀을 쥐어가며 이놈 저놈 번갈아 건드릴수록 점점점 점층법 문장으로 성깔을 부리며

상상했던 대로 기대했던 대로 말대가리에 걸맞은 말자지가 되어 가는데 우와, 우와…… 어린 마음에도 이래서 다들 말자지 말자지 하는구나 싶더라고

어럴럴 상사뒤 어여루 상사뒤야, 부지런히 안팎으로 농사지어 함포고복 하여보세 에헤루 상사뒤야

동물 학대라는 개념도 희박했던 때고 그걸 알 나이도 아니었고 무엇보다 알 수 없는 알 수 없어서 얄망궂은 뜨거운 학습 분위기에 휩싸여 *아으 동동動動다리** *아으 동동動動다리*…… 쇠전거리 애새끼들이나 우리게 애새끼들이나 그 나물에 그 밥으로 싸가지 밥 말아 먹었던 거지

*게는 눈 콩알 귀 콩알도 없나? 어여루 상사뒤 어럴럴 상사뒤야***

자세히 봐도 그렇고 얼핏 봐도 그렇고 이게 그때 그 말자지 같은데 그때 그 조랑말은 어디로 갔나?

* 고려가요 「동동」 후렴구 인용.

** 판소리 「춘향가」 중에서 '농부들이 농부가를 부르며 어사또와 만나는 대목' 인용 변형.

벌떡주

밀양 석남터널 간이 휴게소 탁자에 앉아 파전에 막걸리 한 병 시키다 무심코 탁자 옆 바라보니 무슨 민속주 같은 술 몇 병 줄지어 뻗치고 있능 거여

이상히도 생기었네 맹랑히도 생기었네, 벼슬아치 행차할 때 길 트는 사람인가? 쌍으로 된 주머니를 딸랑딸랑 걸어 찼네

벌떡주라고, 자네도 듣느니 츰일걸 술 이름부터 꼴리기는 해도 술병 위에 엎어놓은 토기 술잔이 먼저 두 눈에 콕 틀어박히더라고

오군영의 죄인 잡는 군졸인가? 둥근 갓을 붉게 쓰고 냇물가의 방아인지 떨구덩 떨구덩 끄덕인다, 이상히도 생기었네 맹랑히도 생기었네

정말 디테일한 거시기구나, 도대체 어떤 성스러운(?) 생

각이 토기 장인으로 하여금 실물 같은 술잔을 빚게 했을까?

송아지 말뚝인지 털 고삐를 둘렀구나 감기에 걸렸는지 맑은 코는 무엇이냐? 이상히도 생기었네 맹랑히도 생기었네

눈 돌려 가지산 자락 바라보니 산안개 비 그친 계곡 거뭇거뭇 거웃 같은 숲을 감싼 산안개 운우지정이란 사자성어四字性語, 성어成語가 아니고 성어性語가 저절로 떠오르더라고

정말 디테일한 거시기구나, 저 혼자 탁자 구석에서 가지산 계곡을 보고 회가 동했는지 직립으로 뻗쳤단 말이지

성격도 고약해서 화나면 눈물 찔찔 어린아이 병 걸렸나 젖은 어찌 게웠는고? 이상히도 생기었네 맹랑히도 생기었네

저 술잔에 한잔 따라 마시면 눕거나 앉아 있다가 조금 큰 동작으로 갑자기, 뜬금없이, 아닌 밤중에 홍두깨처럼 발딱도 아니고 벌떡 일어선다는 건가?

〉

평소에 눕거나 앉아있능 게 아니라 이건 뭐 껌딱지처럼 눌어붙어서 요지부동, 나이 들어 헐레벌떡 소원이더니 이거야말로 가지산 천년 산삼이 아닌가 말여?

고추 찧던 절굿댄지 검붉기 그지없다 칠팔월 알밤인지 두 쪽 한데 붙어있다, 이상히도 생기었네 맹랑히도 생기었네

봐봐, 정말 디테일한 술잔이지? 화장실 갔다 오는 체 주방 안을 기웃대다 몇 병 손짓으로 주문한 거여 한잔 들고 술잔은 훔쳐가지 말게, 한 개 줄 테니

*물방아, 절굿대, 쇠고삐, 걸랑주머니 다 있으니 세간 걱정할 거 없다, 이상히도 생기었네 맹랑히도 생기었네**

* 판소리 「변강쇠가」 중에서 '옹녀가 강쇠를 만나 수작하는 대목' 인용 변형.

낭만에 대하여*

들어 봤나? 한때 남행열차니 지화자니 건배사가 술상에 놓이더니 불조심 강조기간이라서 그런가 불에다 남정네 꿰맞춘 우스개가 장안의 유행이라던디, 알고 보니께 인생은 불 따라 흘러가더먼그랴

어유아 방아요 어유아 방아요, 얼크렁 떵떵 잘 찧는다 흔들흔들 잘 찧는다 슬쩍슬쩍 잘 찧는다

우선 십 대는 말이지 슬쩍 한번 튕겨주기만 해도 불이 확 붙는다, 성냥불인 거라 십 대 때엔 왜 책 읽느라 엎드려만 있어도 벌떡거리지 않담? 책 내용하고는 아무 상관읎이 말여

들로 *가면 말방아요 강을 끼면 물방아요 자빠지면 엉덩방아, 춘향 코 내 코 맞대면 좋고 그리고 저리고 하면 또 새 코 나면 좋고 방아, 어유아 방아요 어유아 방아요*

〉

이십 대는 화력이 강해도 너무 강해서 근처만 가도 후끈후끈 장작불인 거라 마른 장작 밤낮으로 괄게 탄다능 건 동서고금의 진리 아닌가베 우리게 아름다운 고전 고금소총에도 친절하게 나와 있고 말여

만첩청산 들어가 이 나무 저 나무 베어내어 이 방아를 놓았는가, 어유아 방아요 어유아 방아요 얼크렁 떵떵 잘 찧는다

삼십 대는 자리 옮길 것도 읎이 앉은 자리에서 활활, 모닥불인 거라 모닥불 그러니께 가수 박은희 노래 생각나너먼 시방은 총각출신이지만 쥐여주던 현역총각일 때 대천해수욕장 뜨거웠던 밤바다, 등허리 꺼끌거리던 모래사장도 그립고 말이지

방아 만든 모양 보니 사람 형용 본떴는가 두 다리를 쩍 벌렸네, 어유아 방아요 어유아 방아요

사십 대는 연탄불인 거라 데일 정도로 뜨겁진 않아도 은근과 끈기, 우리네 기상처럼 오랫동안 온기를 품고 있다던가 시절 좋은 때로 말하자면 사십 대가 제일 좋지 꺼

졌나 싶어도 고것이 꺼진 게 아니거든 밑불이 웃불 붙여 주기도 하고 말여

길고 가는 허릴 보니 초왕궁의 허릴런가 옥빈홍안의 비녀런가, 어유아 방아요 어유아 방아요

오십 대는 겉보기 죽은 거 같아도 섬세한 손길로 잘 찾아보면 불씨가 보인다, 화롯불인 거라 여기서 섬세한 손길 이 부분이 특히 중요한 대목으로 밑줄 그을 자리여 뒤적거릴 때 이 잡듯 뒤적거려야 된다는 이바구지

어유아 방아요 어유아 방아요 얼크렁 떵떵 잘 찧는다 얼쑤절쑤 잘 찧는다, 미끌미끌 기장방아 사박사박 율무방아

육십 대는 담뱃불인 거라 힘껏 빨아 땡겨봐야 반짝하고 만다고 담뱃불인 거라 같은 육십 대라도 담뱃불이 있고 불도 아니면서 불인 체 반딧불도 있다더먼

혼자 찧는 절구방아 둘이 찧는 가래방아, 물로 찧는 물레방아 이 방아는 디딜방아, 어유아 방아요 어유아 방아요

〉

찜질방 가봤나? 중늙은 아지매들 달걀 안주여 구운 달걀 까 자시면서 처음엔 십 대가 어떻고 이십 대가 어떻고 하다가 뒤로 갈수록 아주 자지러지시더먼

머릴 들어 오르는 양 창해 노룡 성을 낸 듯 머릴 숙여 내리는 양은 주문왕의 조아림인가, 어유아 방아요 어유아 방아요 얼크렁 떵떵 잘 찧는다

그거 참, 암만 장안의 우스개라도 우리네 남정네들은 마냥 웃고 떠들 일만은 아닌 것 같네그랴 웃기고 슬픈 걸 공감각적 표현으로 웃프다, 그런다지 왠지 마음 짠해지너먼 싸나이 한평생 페이소스가 고스란히 담겨있어서 한 세대 한 세대가 웃픈 문장 아닌가 말여

한 다리는 올려 딛고 한 다리는 내려 딛고, 오르락내리락 하는 양 요상하고도 맹랑하다, 어유아 방아요 어유아 방아요

그럼 칠십 대는 뭔가? 말하면 뭐혀 칠십 대는 청춘이지 유선방송인지 케이블인지 한 달에 육천육백 원짜리 테레

비 틀기만 하면 청춘 청춘 노래더먼

어유아 방아요 어유아 방아요, 얼크렁 떵떵 잘 찧는다 오르락내리락 잘 찧는다 내리락오르락 잘 찧는다 사철 찧으면 쌀방아요 명절 때는 떡방아라

보험사들 너스레로 보면 성냥불이지만 이제 와서 슬쩍 한번 튕겨준다고 솔직히 불이 확 붙능 건 아니잖나베 칠십 대는 거시기 딱히 찍어다 붙일 불도 읎다더먼 시쳇말로 뭣도 아니라는 얘기지

징글징글 보리방아 찧기 좋은 나락방아, 호호 맵다 고추방아 고소하다 깻묵방아, 어유아 방아요 어유아 방아요

사실을 사실대로 표현한 사실적 표현이 사실은 불편한 법이어서 사실 맞기는 맞는 말이지만 사실적으로 기분 드러운 것 또한 사실이지

저 아낙네 넓적다리는 언제 보아도 힘도 좋다, 어유아 방아요 어유아 방아요

〉

어쨌거나 싸나이 담뱃불 나이 지나 지하철 공짜로 타는 지공의 나이 겸 반딧불 나이로 접어들면 그때부터 슬슬 부엌출입이 시작된다능 거 아녀 밥 차려 먹어야 되니께 목구녕 포도청이라 먹어야 사니께 살아 있어야 그나마 불인 체라도 할 수 있으니께

각시들도 똥 잘 뀌더라 구린내 바람에 콧잔등 부러진다, 어유아 방아요 어유아 방아요 얼크렁 떵떵 잘 찧는다

볼 장 다 본 겨, 싸나이 생계형 부엌출입이 시작되면서부터 늘어진 불알처럼 흐물흐물 불쌍하게 되능 거지 나중에는 아주 이골이 나서 찬거리 사다 냉장고 정리하고 마누라 어디 행차라도 할라치면 보따리 들고 앞서서 대문 나서능 거지

이 방아를 어서 찧고 조껍데기 막걸리에 호박국 끓여내라, 어유아 방아요 어유아 방아요

씨불알늠으거, 이거 말하다 보니께 술 땡기네그랴 싸나이가 사나이로 위축되고 사나이가 사내로 오그라들고 사내가 나락으로 떨어지듯 명 길은 놈팽이 되는 순간, 모래

알 싹이 나서 잎이 나서 아침에 눈 뜨면 왜 깨어났느냐?
서방 있는 년은 나밖에 읎더라 엎어터지게 되능 거여

*어유아 방아요 어유아 방아요, 비아그라 잡쉈는가 뭔 양기가 입으로 뻗쳐 방아타령 이리 긴가, 얼크렁 떵떵 얼크렁 떵떵 다 찧었다***

그러니께 평생 기계처럼 일한 보상으로 어깻죽지 어혈 쌓이고 뭉쳐 오른팔이나 왼팔 쳐들기도 힘들 때 외투 속으로 얼굴 점점 사라지고 옷만 둥둥 떠다닐 때 사노라면 찾아오는 그런 때 침이나 부항으로 고칠 생각 말고

가수 최백호 노래마냥 그야말로 옛날식 다방에 앉아 도라지 위스키 한 잔에다 짙은 색소폰 소릴 들어보능 건 어떨까 몰라

* 가수 최백호 노래, 시의 모티브가 되었음.
** 판소리 「심청가」 중에서 '심봉사 황성 가는 길에 방아 찧는 대목' 인용 변형.

개화시대

자네 말여, 혹시 남정네한티 은밀하게 전해오는 전설의 섬이라고 아능가 모르겄네 거시기섬이라고 인간세가 아니라던디, 유식한 말로 별유천지비인간이라 인터넷에 나와 있더먼

애, 춘향아 우리 한번 업고 놀자 아 업고 놀다가 넘어지면 넘어지는 체 하고……, 그 말 속을 알아듣겠느냐? 잔말 말고 업고 놀자

그 섬에는 듣도 보도 못한 것들이 지천으로 널려있어서 다리만 해도 특별한 다리가 두 개 있다더먼 왜, 다리라니께 아무개 생각나남? 두 개는 내 것이고 두 개는 남의 것이라던가 뭐라던가

이리 오너라 업고 놀자, 이리 오너라 업고 놀자 사랑 사랑 사랑 내 사랑이야, 사랑이로구나 내 사랑이야 이이이 내 사랑아

〉

그런 처용스러운(?) 다리가 아니라 그 섬에 있는 다리는 건너댕기는 다리여 어디를 건너댕기는지는 즘잖은 체면에 이바구로 기록할 바 못되고 다만 다리 이름이 할랑교 말랑교라더먼

니가 무엇을 먹으랴느냐? 니가 무엇을 먹으랴느냐? 사랑 사랑 사랑 내 사랑이야, 사랑이로구나 내 사랑이야

어허, 이 사람 나잇값을 해야지 젊으나 늙으나 다 똑같다고 욕먹어도 싸다니께 나이 들더니 양기가 입으로만 몰렸나 그런 야담이나 즐기고 말여

둥글둥글 수박 웃봉지 떼뜨리고 강릉 백청을 따르르르 부어 씰랑 발라 버리고 붉은 점 움펵 떠 반간진수로 먹으랴느냐? 아니 아니 나는 싫소

그 섬을 가로지르는 십육 차선 도로 이름이 아마 주작대로가 아니라 꼴린대로라지 많이 나는 광물자원으로는 변강쇠, 껄떡쇠, X탱구리가 있다는 소리는 왜 안 허여?

〉

이런, 자네도 아능겨? 나보고 양기 어쩌구 헐 거 읎네그랴 나보다 더 자세히, 더 꼼꼼하게 그것도 구석구석 알고 있는 품이 자네는 아주 그 섬 원주민 같구먼그랴

그러면 무엇을 먹으랴느냐? 뒷동산에 올라 시금털털 개살구 작은 이 도령 서는데 먹으랴느냐? 아니 아니 나는 싫소

명문대학으로 성감대가 있고 섬을 둘러싼 바다가 살살해라지 살살해에는 물고기가 고래만큼 커서 포경선으로 잡아 온다잖어

그러면 엄청크군 만지면 커지리 하는 그 섬 주소도 아능가? 웃능 거보니께 아능구먼 섬 이름도 잘 알 테지만 역시 즘잖은 체면에 더 이상 담지 말자구

앵도를 주랴 포도를 주랴 귤병 사탕 혜화당을 주랴? 이이이 사랑이로구나 내 사랑이야, 아매도 내 사랑아

그나저나 큰일은 큰일여 인터넷인가 뭔가 만화경이 생겨서 젊으나 늙으나 허구한 날 자극 받고 있으니 말이지

〉

저리 가거라 뒤태를 보자 이리 오너라 앞태를 보자, 사랑 사랑 사랑 내 사랑이야 이이이 내 사랑이야

자네나 자극 받지 말어 늙은이가 피골상접하도록 밤새 헛심 쓰지 말고 나이 들수록 건강한 마음으로 살아야 된다 이게여

*아장아장 걸어라 걷는 태를 보자 방긋 웃어라 입속을 보자, 사랑 사랑 사랑 내 사랑이야 사랑이로구나 내 사랑이야**

건강한 마음은 음흉허게 군자연하면서 찾아볼 거 다 찾아보는 자네나 건강하게 마음 간직하시고 사지육신 들쑤시지 않는 디가 읎는 이 몸은 입으로 양기 뻗친 대로 살 테니께 여러 소리 헐 거 읎어, 자네 그 섬에 새벽닭이 뭐라고 우는지 아능가?

* 판소리 「춘향가」 중에서 '춘향과 이몽룡이 사랑가를 부르는 대목' 인용 변형.

꼬끼오, 꼭끼오

저 염병할 늙으 닭은 새벽마다 뭣이 낀다고 저 지랄이랴 문틈에 날갯죽지가 낀 겨, 다리가 낀 겨? 무슨 연유로 다 잠 읎는 심사를 쑤석거리능 거냔 말여

붕붕붕

아마 꽃 이파리 분분 날리는 벚나무 아래 무슨 종종얼굴보자추진위원회, 이름하여 '종얼추' 바자회 자리였지

본의 아니게 동네 유지랄까? 동네 행사 때마다 단골로 인사말씀 하시는 분들하고 벚나무 아래 자리를 잡았는데 이걸 화중일배주라고 해야 하나? 꽃 이파리 연분홍 꽃 이파리가 눈처럼 나리고 술잔 속으로 떨어지고 참이슬 소주가 화주花酒로 몸을 바꾸니 분위기 짜하게 올라가는 게 아니겠어

*그러니 용궁 선녀 들어 봐라, 나의 간은 고사하고 입만 한번 맞추어도 몸살감기 전혀 없이 삼사백년은 산다네 선녀들 이 말 듣고 앞 다투어 토끼를 껴안고 입을 맞추며, 다시 세상 나가실 때엔 소녀가 모시리다**

이번에 말이지 교로리 오 아무개가 출마를 결심한 거 같던디? 그 양반도 그렇고 봉수리 김 뭐시기, 읍내리 박

뭐시기도 나선다더면 젠장, 이 몸이 죽고 죽어 일백 번 고쳐죽어 백골이 진토** 되도록 우려먹는 가난한 술안주 정치적인 이바구로 지적인(?) 대화 무르익는데

정치적 식견이 있으신가 술 생각 나셨능가, 꿀벌 한 마리 붕붕거리며 술판을 기웃대다 쫓아도 가지 않고 기어코 쪼옥 쪼옥 술을 빠는지 꿀을 빠는지 술잔에 앉는 거여

어어, 벌이네 벌 좀 봐 벌봐벌봐벌보라고

엔간히 술이 고팠능개비라고 다들 술 빠는 벌 좀 보라고 깔깔대며 벌봐벌봐 하는데, 벌 보라고? 아마 이런 걸 기억 연상이라고 하나? 벌 보라는 말이 슬그머니 까까머리 교실로 이끄는 거 있지

까까머리 시절 도덕시간이었던가? 벌 한 마리 교실로 날아들어 붕붕붕 교실 분위기 휘잡았던가? 선생님은 물론 까까머리 모두 벌 한 마리 비행궤도를 주목하며 이리저리 몸을 피하기도 하고 꼬꼬댁 꼬꼬댁 닭 울음소리 흉내 내며, 그래야 벌이 도망간다며 시장통으로 변했던 거여

〉

당시 도덕 선생님은 명문대에서 윤리를 전공하시고 평소 이성에 관한 궁금증을 화통하게 답변도 해주시던 인기짱, 어떤 때는 누나 같기도 한 선생님이었는 거라 다들 첫사랑이었지

개도 안 물어갈 공부할 마음 따위는 벌써 벌 한 마리로 전광석화처럼 달아나 잡을 길이 없는데 벌 소동을 바라보던 아싸, 평소 흠모해 마지않던 김○○선생님 가라사대

이늠 자식들, 까져갖고

와, 하고 터진 웃음이 열린 창문으로 하늘 높이 올라가 뭉게뭉게 흰 구름과 손잡고 까까머리들이 상상하는 대로 구름 모양을 바꾸는 게 아니겠어

벌봐벌봐가 어느새 벌바벌바가 된 거지 나중에 보니까 그때 일동웃음의 정체가 그랬던 거야 새끼들, 나보다 다 영어를 잘했던 거지 사실 나는 벌바가 무슨 뜻인 줄도 모르고 남들 웃으니까 그냥 웃어 넘겼다고나 할까 에잇, 쪽팔려

〉

이 말ᄉ미 이 점店밧긔 나명들명
*다로러거디러 죠고맛감 샷기광대 네 마리라 호리라****

날이 좋아 그런지 바자회가 성황이구먼 한잔 들어, 촌에서 벌 츰 보남? 아 예, 츰은 아니지만…… 자주 볼 수는 읎지유 어르신은 자주 보시남유?

* 판소리 「수궁가」 중에서 '토끼가 수궁 풍류를 즐기는 대목' 인용 변형.
** 정몽주 「단심가」 중에서 인용.
*** '이 소문이 가게 밖으로 나들면 조그만 광대 네 말이라 하리라' 고려가요 「쌍화점」 중에서 인용.

제2부

눈보라

직빵이다
어디로 토껴야 하나?
잰걸음으로도 피할 곳 없다
씨벌늠으거, 이럴 거면
너무 착하게만 살았다

소맥 한잔 말어?

뭘 그걸 갖고 그려? 취직시험 떨어졌다고 으등그릴 필요 읎다니께 일 못할까 걱정되능 겨? 쓰잘머리 읎는 걱정여 너 흙수저가 노는 거 봤니? 너는 대물림으로 확실한 흙수저니께 안달복달 이유가 읎능 겨 흙수저도 그냥 흙수저냐 애비나 너나 예당평야 무량수로 내려온 내력 고스란히 이어받은 원조 흙수저란 말이지

*둥둥둥 내 딸이야 어화둥둥 내 딸이야, 경부선 끄트머리 자갈치 어판장 둥둥둥 뜬살이로 흔들릴 때 너를 얻어 세상을 얻은 듯, 둥둥둥 내 딸이야 어화둥둥 내 딸이야**

한잔 헐텨?
우리끼리
흙수저끼리
얼굴만 봐도 홍겨운 못난 놈**끼리
소맥 한잔 말어?

* 판소리 「심청가」 중에서 '심봉사가 갓 난 심청이 어루는 대목' 인용 변형.

** 신경림 시인의 시 「파장」 중에서 인용 변형.

이상구 씨

아니 마누라, 트랙터에 DMB 장착하면 누가 동티난다담?

요새는 젊은 애들 짧은 치마 입고 나와서 노래하능 게 작전이고 트렌드라던디, 말이야 바른 말이지 노인네가 짧은 치마 입은 거 봤능가?

짬짬 쉴 때마다 바람소리에 굴러댕기는 이슬마냥 오로지 순백의 마음으로다 노래만 듣는 거니께 너무 으등그리지 말라니께

*어와 세상 벗님네야, 이 산 저 산 꽃이 피니 분명코 봄이로다 왔다 갈 줄 아는 봄을 반겨한들 쓸데 있나 어와 세상 벗님네야, 이내 한 말 들어보소**

왜가리 몇 마리 어정거리는 들판 하루 죙일 누구하고 말을 해보나 혼자 논 갈고 밭 가능 게 뭔늠으 재미가 있겼어?

〉

산천경개 좋다고? 지랄, 꽃 타령도 한두 번이면 지겨운 법이여 다 도회지 사람 보기에 낭만이지 당사자는 쓸쓸하게 등골 빠지는 노동 아닌감?

내가 무슨 글쟁이여, 무소의 뿔이여?

* 김연수 단가 「이 산 저 산」 중에서 인용 변형.

저건 이제 논도 아녀

바랭이, 왕바랭이, 나도바랭이서껀 바랭이 족속하고 방동사니, 개기장, 달뿌리풀, 수크령서껀 얼치기 벼 사촌들하고 여뀌, 개여뀌, 까마중, 사철쑥, 도깨비바늘서껀 등등 기타 들풀 여러분께서 난장 치는 저 논은 뭐래유? 뭐긴 뭐여, 아무 것도 아니지

네가 이놈 토끼냐? 아니 내가 토끼가 아니요 개요 개 같으면 더욱 좋다 너를 잡아 약개장도 좋거니와 네 가죽 벗겨 방석으로 깔게 되면 만병회춘의 명약이라

어떤 늠이 물류창곤가 뭔가 짓는다고 샀더던디 공사도 못하고 죽 쑨 디여 저쪽 들판 댕기는 진입로는 박명기 씨가 농사지으러 댕기라고 동네에 내놓은 땅인디 이번에 공사차량 못 댕기게 막었다더먼

아이고, 나는 개도 아니요 소요 소 같으면 더욱 좋다 숯불에 너를 잡아 공평하게 나눠먹고 네 가죽 벗겨내어 신

도 짓고 북도 매니 버릴 것이 없느니라

잘코사니여, 논에다 벼를 심어야지 물류창고가 뭔 물건여? 논에다 건물 짓겠다는 생각 자체를 신선하다고 해야 하나, 근본 모르는 후레자식이라고 해야 하나?

*아니 아니 나는 개도 아니고 소도 아니요 사람 떠난 들판이요 아니 들판도 아니요 시르죽어 산 것도 죽은 것도 아닌 뭣도 아닌 그 뭣이오**

글렀어, 저건 이제 논도 아녀

* 판소리 「수궁가」 중에서 '토끼와 용궁 나졸이 실랑이하는 대목' 인용 변형.

회장님, 회장님

뭐라구유?

우리 집 자갈논이 공장부지로 들어간다구유? 난 반대유 안 그래도 한 번씩 내려갈 때마다 농촌에 무슨 신데렐라 궁이니 지상낙원이니 모텔이다 술집이다 농투성이 힐끔거리기만 하는 물건 들어슨 거 보면 부아가 치미능구먼

뼛속까지 농투성이 동네 뭔 공장이 들어슨다능규?

암만 지역사회 발전도 좋다지만 절대 동의 못허니께 그런 줄 알유 명색이 내가 출향친목회 회장인 동시에 들판의 장남인디 곧 솔이파리 먹으러 지방정치 큰 뜻을 품고 내가 참 내려 갈 참인디 나보고 워디 가서 송충이 되라능규

어허 달고 거 누구가 날 찾나? 거 누구가 날 찾아? 함께 놀자고 여덟 선녀가 날 찾나? 조상 땅 팔아먹자고 거간이 날 찾나? 어허 달고 거 누구가 날 찾아?

난 싫다니께유 아파트 유리창 달그림자 얼비칠 때마다 가슴부터 먹먹해지능 것이 객지 생활하는 늠 심사 들판 삽자루로 살다 세상 버린 어른들 아른거려 매양 눈앞이 흐려지너먼 긴말 헐 거 읎유 나는 반대니께 전화 그만 끊자구유

아니, 무슨 껌값 주능 게여 암만 자갈논이래두 그걸 보상가라고 내놓나?

* 판소리 「수궁가」 중에서 '토끼와 별주부가 만나는 대목' 인용 변형.

표리가 부동하니

읍내에서 종묘상을 하고 농약상에 철물점 겸업까지 두루 섭렵하여 인근 짜하게 돈 벌었다고 소문난 자를

평소 손윗사람에게도 두툼해진 지갑을 믿는지 말을 섞으면 반말 비스무리 던져서 말을 섞고 싶지 않은 자를

밥맛 떨어지는 자를 장터에서 우연히 만났다

닝기리, 재수읎게스리……

저만치서 바쁘게 명함 돌리는 게 보이길래 외면하고 가려던 나를 용케 본 모양이다

아이고 형님, 장 보러 오셨유?

'X까고 있네' 하려던 속마음이 무심결에 튀어나올 뻔했다

〉

*둥구대당실 둥구대당실, 한라산 허리엔 시로미 익은숭 만숭 서귀포 해녀는 바당에 든숭만숭 너도 당실 달도 밝고 둥구대당실 둥구대당실**

조옷……, 급하게 마음먹지 말고 마음 다잡아서 다구지게 해봐 동네가 잘 되려면 자네 같은 사람이 나서줘야 안 되겠나? 우리게는 다 자네를 믿고 있단 말이지

가만, 자네 기호가?

* 제주민요 「오돌또기」 중에서 인용 변형.

한갓지게

쌀이구 뭐구 시세 읎넌 거 봤지?

워디 등록금 싼 디래두 장학금 받지 않으면 대학이구 지랄이구 국물 읎어

둘째 딸아이에게 농담 삼아 속내 슬쩍 드러내고 한심한 생각에 슬며시 한 대 태워 무는데

집안에 뭐 처먹을 게 있다고, 거미 한 마리 거푸집 같은 오막살이 한 채 창틀에 지어놓고 신호 기다린다

너도 참, 한심하구나 뭐가 잽히겄니?

아무 생각 없이 담뱃불로 거푸집 구멍 내다가 구멍 난 살림살이 끌어안고 등골까지 뽑아내던 누구 생각나 미안해지는데

뭐여, 참외도 살처분 한다니?

창문에 얼비친 텔레비전 화면 가득 박스째 쏟아붓는 참외가 구덩이 한가득이다

살처분은 살처분이지유 지난번엔 양파독감 유행이더니 이번엔 참외독감 유행인지 한갓지게 들판에 보시하고 마능구먼유

거미

씨벌헐, 맞짱 한번 떠보자고

웃통 벗어던지고 달려드는 결기

비바람 몰려오는 저녁

처마 끝에서

밭둑 대추나무 우듬지

까무룩 낭떠러지까지

보이지 않는 생명줄 의지한 채

서슴없이 공중 사다리를 타는 가장

어린 딸 보기에

천하무적 마징가 가장

늙은 뜸부기

논두렁 근처 퇴직하고 집 지키던 삼식이* 뜸부기 어쩌다 설익은 밥 먹었는지 마누라 앞에서 뜸뜸 뜸뜸뜸 뜸……, 제기랄 밥 뜸이 덜 들었다고 우는 건지 따지는 건지

반 넘어 늙었으니 다시 젊든 못하리라*

* 하루 세끼 집에서 먹는 사람을 이르는 비속어.

** 이명한 시조 「반 넘어 늙었으니」 중에서 인용 변형.

악수握手 아니, 악수惡手

내 손을 향해 오던 손이 마중 나가던 내 손을 지나 내 뒤를 따라오던 손과 만나 흔들릴 때 허공에서 잠시 당황한 내 손은 좀 머쓱해진다

잘났어 잘났어, 나로 말하자면 천상에서 사계절을 순조롭게 하던 예부상서 달토끼로 인간세상 귀양 와서 머무른지 오래라 세상에서 부르기를 명색 토생원인데, 거는 누구라 하시오?

내 손을 향해 오던 손이 다른 손을 잡고 흔들다 형식적으로 내 손을 잡으면서도 저 뒤에 오는 또 다른 손을 의식하며 잡은 손을 그냥 놔버리기도 하는 악수, 그들의 악수

잘났어 잘났어, 나는 수국 공신 사대손 별주부 별나리라 하오 하, 오늘에야 만나다니 이렇게 늦어지리라고는 느그 똥방뎅이 아들놈의 자식이오

〉

악수란 상대방의 눈을 바라보는 가벼운 연민 적당한 지체와 설렘으로 완성되는 법 어정쩡하게 허공에 떠 있던 내 손이 벌레 먹은 사과처럼 툭, 떨어진다

느그 똥방뎅이 아들놈의 자식이라? 아따, 그놈 참 문장가다 저놈이 무식하고야 저렇게 문자를 쓸 수가 있나? 내가 만일 문자 하나라도 모자라게 쓰다가는 세상 문장들이 나 때문에 망신을 당하겠구나

선거 때만 되면 일어나는 일상다반사의 악수握手 그들은 나와 악수惡手를 주고받았다는 사실을 알까?

*잘났어 잘났어 자, 문자통 굴러가니 자세히 들어보시구려 마포대교요, 어동육서요, 홍동백서요, 좌포우혜라, 이팔망통이요, 삼팔따라지요, 젊어서 고생은 늙어서 신경통에다가 막판은 호라지좆*이오*

뭐 그러려니 하지만 정작 반가운 악수 앞에서도 나는 가끔 머뭇거릴 때가 있다

*잘났어 잘났어, 빠세 빠세 쪽쪽 빠세 건배사올시다그려***

*천문동

**판소리 「수궁가」 중에서 '별주부와 토끼가 만나 기 싸움하는 대목' 인용 변형.

도망가다

재주는 곰이 부리고 돈은 왕 서방이 챙긴다던가, 일 년 내내 손가락 하나 까딱 않고도 가을걷이한 시골집 창고 헐어 부산에 간다 김장을 싣고 햅쌀을 싣고 이모저모 보따리를 싣고 달려간다

손까지 흔들어주는 어리숙한 곰 벌레 쫓느라 온몸에 에프킬라 뿌려가며 고추 따는 늙은 곰

어머니 뒤로 하고 달려간다 애들 데려오지 않기를 잘했지 뒷좌석까지 꼭꼭 채워서 아반떼 배 터지도록 채워서 간다 공주휴게소에 들러 커피를 마시고 담배를 피워가며 간다

*두리둥 두리둥둥, 붉은 전포 입은 놈이 조조다 어이쿠 홍포 벗으니 수염 긴 놈이 조조다 수염마저 싹둑 수세에 몰린 조조 형색 메추라기 보고 놀랐을 때에야 독수리 보았으면 똥 싸고 나자빠지겠구나, 두리둥 두리둥둥**

〉

간다 간다, 도망간다

* 판소리 「적벽가」 중에서 '적벽에서 대패한 조조가 도망가는 대목' 인용 변형.

개구리 장자

사람 발길 뜸해지고 햇볕도 한풀 꺾이는 여름 오후 예당평야 들길에는 늙은 개구리들 길게 늘어앉아 있다

네 발 공손히 땅바닥에 붙이고 파란 하늘과 느릿하게 떠가는 흰 구름을 들바람 속에서 바라본다

반쯤 감은 눈으로 육만 오천 자 경문을 떠올리며 시간을 가늠하는 것 같은 그들을 보며 혹 탈정脫井에 든 곤鯤이 아닐까 생각한다

어느 때고 구만리장천 차고 올라갈 바람 불어온다면 그 옛날 다리가 돋아나듯 길이가 몇 천리 되는지 알 수 없는 날개 돋아날 것 같다

물꼬 보러 가던 나는 그들의 야단野壇에 함부로 들어서지 못하고 담배를 몇 대씩 피우다 돌아서기도 한다

제3부

도대체 누가 훔쳐갔을까유?

창고 앞까지 차를 대면서 쪼매 떨렸을라나? 슬며시 창고 문을 열 때 빡빡한 마찰음에 놀라 나중에 기름칠이라도 쪼매 해줘야겠다 생각했을라나? 마늘, 양파, 감자 같은 건 눈길도 안 주고 휘발유 두 통 들고 나오면서 쪼매 미안했을라나? 며칠 지나고 옆에 있던 쌀자루 생각나 다시 차를 대면서 미리 씹어본 고기 맛에 쪼매 느긋했을라나?

장산곶 마루에 북소리 나더니 금일도 상봉에 님 만나 보겠네, 에헤요 에헤요 에헤요 님 만나 보겠네

쪼매 상의할 게 있다는 전화 받고 달려간 고향집 농기계용 휘발유 두 통 한 차례 도둑맞고 쌀 20킬로 한 자루 또 감쪽같이 없어졌다고 팔순 노인네 쪼맨 거라도 CCTV 달잔다

갈 길은 멀고요 행선은 더디니 늦바람 불라고 성황님 조른다, 에헤요 에헤요 에헤요 성황님 조른다

〉

암만해도 속속들이 아는 늠 소행 같어, 노인네 혼자 산다고 깐보구 말이지

노인네 서넛 남은 동네 빈틈이 너무 많아서 스물네 시간 허당인 동네, 평생 자물통이라고는 모르고 살던 동네에 좀도둑이 들었다

그립던 님 보고요 놀기도 하고요 몽금이 개암포 들렀다 가게나, 에헤요 에헤요 에헤요 들렀다 가게나

쪼매 웃기는 일이다 이걸 도시화 됐다고 좋아해야 하나, 인심 험해졌다고 총포도검으로 무장을 해야 하나?

바람새 좋다고 돛 달지 말고요 몽금이 앞바다 놀다나 가지요, 에헤요 에헤요 에헤요 놀다나 가지요

거참 동네 사정을 아니, 우리 집 사정을 나보다 잘 아는 늠도 읎을 텐디 아는 늠 소행이라면 도대체 누가 훔쳐갔을까유? 내가 훔쳐갔능가?

〉

속속들이 마당을 비추던 달빛 쪼매 제 발 저린지 슬금 슬금 꼬리를 말고 구름 속으로 숨어드는 밤

*장산곶 마루에 새 소식 들리니 원포귀범*遠浦歸帆*에 정든 님 오시네, 에헤요 에헤요 에헤요 정든 님 오시네**

* 황해도 민요 「몽금포 타령」 중에서 인용 변형.

감나무 수태

영동에 잔치가 있어 노모와 차를 타고 영동역 앞을 지나는데 감나무 가로수 어린 나무에 탐스럽게 열린 감이 도드라진다

거참 실하게도 열렸다 요새는 육종기술이 좋아서 어린 나무도 감이 주렁주렁 열리능개비네

뒤곁 고욤나무에 깎기접을 해도 번번이 몸통 썩어버리던 접붙이기 생각 나 흐뭇하게 노모 생각도 그러려니 생각 없이 감탄하는데

육종기술은 얼어 죽을, 어린 게 애부터 가진 게지

노모는 한참 공부할 나이에 시집가는 조카딸이 영 마뜩잖은 모양

꼬기작 꼬기작 꼬기작, 춘향모 괴이 여겨 춘향 방문 가

만히 열고 자는 얼굴 바라보니 반치나 야윈 듯 하며 새로 핀 꽃봉오리 봄 찬바람 분 듯 하며 적은 바람에 가는 물결 같이 입은 옷이 잔살 구겨 꼬기작 꼬기작 꼬기작

아따 어머니, 말씀 좀 숭허요

주고받는 말 엿들었는지 어린 감나무 소주 몇 잔 걸친 듯 주렁주렁 불콰해지는 것이 뭐라고 대거리할 기세다

저저, 어린것이 벌써 술까지……

*이런 육실헐 것들, 일은 저희들이 저질러 놓고 젖은 옷은 벗어서 내게 입히네그랴**

* 판소리 「춘향가」 중에서 '춘향과 이몽룡이 첫날밤을 보내고 월매에게 들키는 대목' 인용 변형.

환한 날

한 삽씩 지붕 헐 때마다 시공을 건너온 햇살 파인 자릴 메운다

오봉산 꼭대기 에루화 돌배나무는 가지가지 꺾어도 에루화 모양만 나누나

땅속 깊은 침묵이 명정마저 녹였는가 실밥만 남은 흔적으로는 증조부모 백년 문장 읽을 수 없다

오봉산 꼭대기 채색 구름이 뭉게뭉게 만학의 연무는 에루화 바람에 휘날리네, 에헤요 어허야 영산홍록의 봄바람

오랜만에 바람은 시원하실까, 변해버린 산과 들판 둘러보고 혹 타향이라 여기지는 않으실까

한지에 싸인 한 무더기 뼈 가타부타 말씀이 없다

〉

세월이 가기는 에루화 흐르는 물 같고 사람이 늙기는 에루화 바람결 같구나

희로애락이니 오욕이니 칠정이니 하는 것도 백년쯤 묻었다 꺼내보면 참말 개수작일 것 같다

천 냥이요, 이천 냥이요, 만 냥이요 동전 세 닢 자릿세로 던져 넣고 곱게 빻은 뼛가루 등성이에 뿌린다

바람아 불어라 에루화 구름아 일어라 부평초 같은 세월 끝없이 한없이 가잔다

우수수 나뭇잎 두드리며 바람에 날리는 햇살들 뻐꾸기라도 울었으면 좋겠다 손차양을 하고 먼 골짝 한참 바라보는 환하디환한 날

*에헤요 어허야 영산홍록의 봄바람**

* 경기민요 「오봉산 타령」 중에서 인용 변형.

의자 어머니

엉덩이 받치는 쿠션까지 떨어져
청테이프로 기워 쓰던 식탁의자
폐기물수거업체에 전화를 하고
아파트 입구에 내려놓았다
서민 아파트 이사 올 때 함께 온
십년 훌쩍 넘은 식탁의자
내려놓은 지 며칠 지나도록
수거업체 직원이 바쁜 것인지
잊어버린 것인지
퇴근할 때마다 앉아 있다, 여전히
청테이프 너덜너덜 붙어 있고
누런 솜까지 삐져나와서
저 의자에 앉아 허기 메우고
끼니를 이었다기보다
내 남루를 까발리는 것 같아서
부끄럽고 성질이 났다
다시 전화를 해야 할까

전화에 대고 신경질을 부려볼까
핸드폰을 들었다 놨다 벼르던
어느 저녁 일곱 시
*지국총 지국총 어사와**
궂은 비 내리는 퇴근길
의자는 간곳없고
늙은 어머니 대문 밖까지 마중 나와
나를 기다리고 있다

* 윤선도 연시조 「어부사시사」 후렴구 인용.

길이 멀었으면 좋겠다

외갓집 무슨 잔치가 있어서 설레는 마음으로 일가친척 두루 만날 생각에 가속 페달을 밟는다면 얼마나 좋을까

외갓집 잔치가 아니더라도 불알친구들 오랜만에 만나 소주잔 주고받으러 달려가는 마음으로 가속 페달을 밟는다면 얼마나 좋을까

조석으로 지형 바뀌는 개발시대에 당연하게 사라졌을 줄 알았던, 익숙한 도로변의 꾸부정한 소나무나 너럭바위 보이면

야야, 저게 아직도 그대로구나

삼십 년은 족히 건너뛰어 까마득하게 잊고 지냈던 시절의 천방지축 생각나 신이 난 가슴 둥당거리며 가속 페달을 밟는다면 얼마나 좋을까

〉

2015년 1월 9일 밤 열 시 빨리 가야 하지만 한없이 느리게 가고 싶은 대전당진고속도로, 과속 카메라 펑펑 터뜨리며 아버지(차금기, 77세, 요아킴) 임종을 지키러 가는 길

길이 멀었으면 좋겠다

세류리에서 합덕 가는 십리길

참외가 풍년이었다 집집이 코흘리개까지 달라붙어 잘 생긴 것들로 따고, 나르고, 씻고 꽃단장한 참외들 지게에 실려 노란 꽃다발처럼 줄지어 서 있었다

신고산이 우루루루 함흥차 떠나는 소리에 구고산 큰애기는 반봇짐을 싸누나 어랑 어랑 어허야 어야 더야

참외 한 접, 바지게 가득 찼어도 딱 백 개는 좀 야박한 거 같아서 열 몇 개씩 덤을 올린 참외 지게들

공산야월 두견이는 피나게 슬피 울고요 강심에 어린 달빛 은은하게 빛나는구나 어랑 어랑 어허야 어야 더야

지게 옆에 엉거주춤, 참외 사라 외치지도 못하는 사십대의 멋쩍은 애비들도 생전 장사라고는 해보지 않은 농투성이 애비들도 줄지어 서 있었다

〉

휘 늘어진 낙락장송 휘어 덥석 잡고요 애달픈 이내 진정 하소연이나 할거나 어랑 어랑 어허야 어야 더야

슬며시 구경 갔던 나를 보고, 이늠으 새끼 어서 집에 가라고 눈 부라리던 우리 애비 어린 자식 보기에 창피했을라나?

삼수갑산 머루 다래는 얼크러설크러 졌는데 어랑천 깊은 물은 저절로 핑핑 도누나 어랑 어랑 어허야 어야 더야

늙은 어매 증언에 따르면 얼떨결에 청자* 세 갑 받고 빈 지게 지고 들어섰다던 애비 암만 값없기로 담배 한 포도 아니고 터덜터덜 숙맥이었던 애비

간다 온다 말도 없이 훌쩍 떠난 그 사람 야멸찬 그 사람이 죽도록 보고 싶구나, 어랑 어랑 어허야 어야 더야

마트에서 사온 참외를 깎다가 그곳에 가고 싶어졌다

세류리에서 합덕 가는 십리길 그곳에 가면 참외 지게 받쳐놓고 멀찍이 플라타너스 이파리로 얼굴 가리고 누가

홍정해 오기를 기다리는 내 젊은 애비가 서 있겠다

*어랑 어랑 어허야 어야 더야***

* 1969년부터 1998년까지 생산되던 담배. 농민 담배라고 회자되기도 한다.

** 함경도 민요 「신고산 타령」 중에서 인용 변형.

며늘년 아니, 며늘님

건넛마을에 불이 나자 다급하게 뛰어 들어온 며늘년 아니, 며늘님 물 양동이 대신 완도 김 들고 나와 들기름 바르고 소금 솔솔 뿌려 높이 쳐든다

해괴하구나, 무슨 짓이냐?

김은 먼 불에서 말려야 된다는 말씀을 실천 중입니다, 어머님

* 일고여덟 살 무렵 어머니에게 들었던 이야기를 재구성함.

자동차 이야기

자동차가 십년이 넘었다 부산에서 당진까지 다섯 시간을 무시로 달린 자동차 좀 괜찮은 차 사라고 아버지가 보태준 돈 다 떼먹고 장만한 좀 헐한 자동차 시동을 걸 때면 가래가 끼는지 자주 밭은기침을 한다

이것도 튼튼하고 좋은 차라니께유, 언젠가 부산에 온 아버지 태우고 함께 추풍령을 넘기도 했다

아버지는 삼년 전에 돌아가셨다 컴컴한 지하 주차장에서 실내등 꺼질 때마다 언뜻 아버지의 실루엣이 보이는 옆자리, 그때마다 옆자리가 아프다

자동차가 십년이 넘었다 여기저기 흠집도 많고 잔고장도 심심치 않은 자동차 그냥 폐차를 해야 하나, 중고로 팔아야 하나? 차 바꿀 생각에 통장 잔고를 확인하며 잔머리 굴리는 일이 잦아졌다

〉

이것도 튼튼하고 좋은 차라니께유

아버지 파묻듯 차를 바꾸면 내 옆자리 통증도 사라질까? 시속 백십 킬로로 당진까지 달리는 동안 공중으로 흩어지는 휘발유처럼 내 통증도 휘발될까?

아버지 눈을 속이고 장만한 자동차가 십년이 넘었다

백년 산길

아파트 벗어난 늦은 오후의 산길은 호젓하다 발자국 따라오는 라디오도 앞지르는 마라톤 선수도 없다

혼자 걷는 길 길어지고 바람의 혀로 주고받는 나무들의 말소리 선명해진다

망개나무 이파리 위에서 미끄러지는 햇살, 누군가 푸른 망개떡을 돌리는지 풀벌레 신발 끄는 소리 들린다

나뭇잎 사이 귀엣말 같은 바람은 신들의 사생활에 관한 나무들의 후일담 그 또한 나무들의 사생활일 거라는 생각을 한다

발가락 사이 싹튼 모래알 털어낸다
나는 이 산길을 백년쯤 걸어왔다

백년 상수리나무

상수리가 익는다 밥심으로 사는 어느 신의 가계 저녁 밥상에 차려진 고봉 밥그릇이다

우주의 서쪽으로 해가 지고 상수리나무 붉게 물든다

백년 농사

막걸리 통 베고 누워
꽃향기 좇아다니다
바람 따귀 맞고 일어나니
참깨밭이 덤불숲이다
호밋날 썩어 자취 없고
자루에서 싹이 돋아 백년송이다
난감한 일이로세
참깨 농사고 지랄이고
작파해버릴까?
호박琥珀 눈곱 털어내니
우주 깊은 곳에서 올라오는
두부 김치 냄새
술 깨니 잠도 깨고
꿈도 깨는구나
관자놀이 누르며 바라보니
깨꽃 두어 송이 지등紙燈처럼 빛난다
환하다, 제법 머리 컸다고

애비 말도 잘 듣지 않는
딸 둘처럼 환하다
생각해보니 나는 벌써
참깨 농사를 다 지었다

백년 꽃

러시아식 짝퉁 샤프카 눌러 쓰고 톱밥 난로 둘러앉은 염주처럼 둥그런 뒤통수들을 꽃이라 하면 어떤가

커피 전문점 엔젤리너스나 카페베네도 아니고 그렇다고 어디가나 흔해빠진 읍내다방도 아니고 합덕 버스터미널에서 만난 그 이름도 청순가련한 딸기다방

오가는 길손보다 동네 꼰대들 죽때리는 딸기다방 투박한 손으로 그러쥔 쌍화차에서 모락모락 뜨거운 김 솟아오르고 시간이 멈춰버린 딸기 다방

눈은 내리고, 하염없이 내리고
열여덟 순정처럼 눈은 내리고

니코틴과 막걸리에 찌든 황금이빨 내보이며 꼰대들 하품하는 사이 담배 꼬나물고 들어서던 젊은 놈 후다닥 사라지는 저 허겁지겁 또한 꽃이라 하면 어떤가

〉

여게, 방금 자네 아들놈 왔다 가던디
그놈이라고 뭐 눈 오는 날 집에 있고 싶겄나?

해가 바뀌거나 말거나 누가 오는지 가는지 그런개비다, 하는 꼰대들 삶의 배경으로 물러앉아 들판이 된 저 무위無爲의 병풍들을 백년 꽃이라 하면 어떤가

제4부

책

용맹정진이란 저런 것이다 돌아앉은 면벽수행 수년째
조개처럼 꽉 다문 묵언의 뒤통수들
나이 들어 노안 오고 비로소 미안해진다

여주

낫살이나 먹어서 되도록이면 그런 상상(?) 안하고 그야말로 **즘잖허게** 살려고 노력하는 편인데

당뇨병에 특효라는 여주 농익어 벌어진 틈새로 불에 달군 듯 씨앗의 자태라니 붉은 립스틱처럼 참 묘한 색감이다 은근슬쩍 담치도 떠오르고 **즘잖허지** 못한 생각 저절로 든다

*워따 이놈 별주부야, 나 탄 것이 무엇이냐? 오 그거 수궁남여水宮藍輿라 하는 것이다 워따 이 급살 맞을 놈의 남녀 두 번만 타거 들면 옹두리뼈도 안 남겄네**

당뇨엔 거시기, 관능이 보약인가보다

* 판소리 「수궁가」 중에서 '토끼가 용궁 나졸들에게 잡혀가는 대목' 인용 변형.

매미

나이 들면
사소한 일에도
눈물 많아진다는데, 그게
무슨 호르몬 때문이라지만
다 경험의 공감 때문
젊은 날 캄캄 땅속에서
시詩답잖은 재주 하나
뒹구는 재주 하나로
신산했나보다
개고생했나보다
변방 늙어가는 시인 보더니
씨벌, 씨이벌, 씨버럴럴……
초등학교 동창이라도 만난 듯
울어대는 매미
반갑다고
죽지 않고 살아 있냐고

신탁

여게, 나이 오십이면 천명을 알 때라던디 그래서 그런지 내가 요즘 가슴 젖어오는 생각이 있단 말이지 그게 무슨 생각인고 하면 이거 남우세스러워서 말해야 되나 말아야 되나? 아나고* 앞에 놓고 말이지 하고 먹어야 되나 먹고 해야 되나 망설이듯 고민되너먼

홍어 좆이라고 아나? 물개 불알, 팔복탕, 고복탕, 독계산주, 능사주, 야관문, 오자주…… 뭐, 그런 게 죄다 홍어 좆과지

*약제로 말하자면 그것이 허랑방탕약인데 두꺼비 쓸개 열 보, 빈대 오줌 한 그릇, 벼룩 간 다섯 보, 하루살이 염통 서른 개를 번갯불에 달여 먹으면 효험을 보려니 어허 달공 달공 달공***

먹어본 거 있나? 나는 요새 말이지 그 짜릿한 것들 야밤 기다려지는 것들 한번 먹고 마셔볼 때 되지 않았나 하는

생각이 가난한 집구석 황소 들어가듯 한단 말이지 이거 옛날 사람에게나 내렸다는 신탁 아닌가 싶어 신탁이 곧 천명 아니겄나

왜, 자넨 그분 안 오셨능가?

* 붕장어.

** 판소리 「수궁가」 중에서 '토끼가 별주부에게 용왕 특효약을 알려주는 대목' 인용 변형.

춘정春情

점잖지 못한 봄바람이
성감대를 쓰다듬었는지
나체춤 추던
나무들의 분홍 젖꼭지가
엠보싱 휴지처럼 발기되었다

봄바람이 한 번만 더
체면을 돌보지 않는다면
오르가슴 그 폭발의 순간이
곧 올 거 같다

금수산錦繡山 니블 안해
사향麝香각시를 아나 누어
약藥 든 가삼을 맛초압사이다
*맛초압사이다**

숨 막히는 관음의 불온한 기대가

경개에 가득 찬다

* '금수산 이불 안에 사향각시를 안고 누워 약 든 가슴을 맞춥시다' 고려가요「만전춘」중에서 인용.

갱년기 가지나물

어째 신선도가……, 볶은 통깨 점점점 가지나물이다 밤꽃 아니, 참기름 냄새만 물큰 암향부동이다

모름지기 가지나물은 가지를 얼핏 설핏 데쳐야 모양이나 맛이 제대로인데 흐물흐물 영 시르죽어 보인다

간판이 고객 맞춤형 식당이더니 손님 갱년기 사정 짐작하고 위로 삼아 푹 삶은 가지나물인가? 보기는 제대로 봤다만 기분은 쪼매 껄쩍지근하다

말하자면 이건 가지나물이 아니라 시들부들 XX나물인 셈 치료제도 없는 자격지심에 애매한 눈길로 카운터 바라보니 늙수그레 주인 영감탱이 저 작자가 왜 나를 힐끔거리나 전표만 만지작거린다

짜증을 내어서 무엇 하나 성화를 바치어 무엇 하나 속상한 일이 하도 많으니 놀기나 하면서 살아가세

〉

인간아, 화상아 식당에 왔으면 밥이나 먹지 가지나물 통깨를 보고 왜 가 자字에 통깨 하나 붙여보나? 뭐 눈엔 뭐만 봐도 뭐같이 보인다고 나는 뭔 눈을 달은 뭐여서 뭐를 보고 뭔 생각인가?

*니나노 닐리리야 닐리리야 니나노, 얼싸 좋아 얼씨구 좋다 벌 나비는 요리조리 펄펄 꽃을 찾아 날아든다**

* 신민요 「태평가」중에서 인용.

면박을 당하다

무슨 생각이던가, 쓸데없는 공상에 골똘히 빠져 산길 내려오는데 뭣인가가 나무 위에서 굴러 떨어지듯 발자국 앞으로 곤두박질친다

어허이, 밟을 뻔했다

재빠른 운동신경(?)으로 피하고 보니 꽁지도 다 자라지 않은 박새인지, 굴뚝새인지, 할미새인지 여하튼 엄지 손톱만 한 새 새끼다

옳거니, 이소 중이구나

사진을 찍어 자랑하고 싶은 아름다운 욕심(?)에 휴대폰 찾아 주머니 손을 넣는데, 이녀르 새 새끼 내 마음 헤아리지 못했는지 뜨악하다는 몸짓으로 다급하게 짖어댄다

삐삣삐삣, 삐삐삣삐삣, 삐삣, 삐삐삣, 삐삣삐삣삐삣

어이없게도 화재신고부터 무슨 상하수도 고장신고까지 신고전화란 전화는 다 동원한 듯 빽빽거린다 에미 새쯤 되는지 좀 더 굵고 쉰 소리가 숲에서도 다급하다

어서 토껴라, 토껴

저녀르 새끼들 성인식 치른다고 설레어 밤새 잠 못 자

다가 인터넷 뜨겁게 달구던 십 대 청소년 폭행기사, 어깨 부딪쳤다는 이유 하나로 길 가던 노인네 주먹으로 쥐어지르고 무릎치기로 복부 가격, 흰 머리칼 후려쌔리고 가다가 돌아와서 발로 차고 두들겨 패던 동영상을 보고 치를 떨었나 보다

이런, 개 같은 일이다 성스러운 성인식에 재수 털리게 짐승 중에서도 말짜짐승 사람 앞으로 떨어질 건 또 뭔가, 이거 좆 되었구나 싶어 저러는 게 틀림없다

야, 이 새꺄 내가 아니라니께 그러네

휴대폰 꺼내지도 못하고 멋쩍게 멀거니 새 새끼 날아간 숲 바라본다

상림*

최치원 선생 천년 숲에
계절이 깊어 간다
후두둑, 상수리며
도토리 떨어지는 소리
서늘한 고요가 주춤한다
상림에 왔으니
더 깊숙이 들어가
상림의 속살 보고 싶다는 생각
모든 미물은
상림에 들지 말라는
선생의 일갈 앞에 망설여진다
세상에 나와 연필을 잡고
이로운 말 한마디
쓰지 못한 나는
상림에 들어도 괜찮은 걸까?
어깻죽지 둔중한 연관통처럼
내면의 어느 한 지점

서릿발 같은 찬바람 지난다

* 최치원 선생이 함양 군수로 있을 때 조성했다는 숲. 선생의 어머니께서 뱀을 보고 놀랐다는 말을 듣고 "이후 모든 미물은 상림에 들지 말라."고 하여 상림에는 뱀이나 개미조차 살지 않게 되었다 한다.

낡은 양복

계절 바뀌는 길목에서 입고 다니던 양복을 벗었다 팔꿈치며 앞자락 손때 묻은 삽자루처럼 반질거린다

아리아리랑 스리스리랑 아라리가 났네 아리랑 응응응 아라리가 났네

참 교복처럼 입었구나 의료수거함에 넣으려다 내 몸 한동안 깃들었음을 생각하니 자꾸 눈이 간다

문경새재는 웬 고갠가 구부야 구부구부야 눈물이로구나, 아리아리랑 스리스리랑 아라리가 났네 아리랑 응응응 아라리가 났네

따지고 보면 옷이란 몸의 집인 셈 낡은 옷일수록 내 몸 솜털까지 꿰고 있어서 어쩌면 마음까지 꿰고 있어서 입으면 편해지는 것

〉

담낭에 문제가 생겨 떼어버린 요즘 부쩍 눈도 침침해지고 탈탈 양기 몰린 입을 털어도 낡아가는 기분에 씁쓸해진다 거울을 봐도 어디 한 군데 윤나는 데 없다

서산에 지는 해는 지고 싶어서 지느냐 날 버리고 가는 님은 가고 싶어서 가느냐, 아리아리랑 스리스리랑 아라리가 났네 아리랑 응응응 아라리가 났네

오십 줄에 들어서도록 나는 어떤 집으로 살아온 걸까? 집은 고사하고 짐으로 살아온 건 아닐까?

*만경창파에 두둥실 뜬 배 어기여차 어야 뒤어라 노를 저어라, 아리아리랑 스리스리랑 아라리가 났네 아리랑 응응응 아라리가 났네**

낡은 양복에 자꾸 눈이 간다

* 남도민요 「진도아리랑」 중에서 인용.

만성에 대하여

모든 게 만성이다 밥 세끼 먹는 것도 때 되니 먹는다, 맛이 없다 문전성시 전국 맛집도 다들 그래서인가?

띠리리 띠리띠리 띠리리리리리, 창문을 닫아도 스며드는 달빛 마음을 달래도 파고드는 달빛 텅 빈 내 가슴에는 달빛만 가득히 쌓였구나

여름철 단순 습진이라는데 잘 낫지 않는다 이게 뭔데 이렇게 오래 갑니까? 그거 만성 아닙니까

띠리리 띠리띠리 띠리리리리리, 달 밝은 밤에 귀뚜라미 노랫소리 무인동방無人洞房 여윈 잠을 살뜰히도 다 깨운다

시계불알이 따로 없다 밥벌이를 위하여 전전긍긍이다 생활이 만성이니 질병도 만성으로 오는 모양 시적부적 시간이 늙어간다

〉

띠리리 띠리띠리 띠리리리리리, 귀하지 않은 이내 몸은 세파에 부대끼고 만고풍상 비바람에 시달려 이리 생각 저리 궁리 정처가 없구나

꿈도 낡았다, 낡은 꿈이 만성으로 남아 장난친다 밤 깊어도 잠들지 못한다

*띠리리 띠리띠리 띠리리리리리, 날 찾네 나를 찾아 그 누구라 나를 찾나 오신 손님 없건마는 그 누가 나를 찾나 공산토월 밝은 달빛 휘영청 휘영청 나를 찾네**

환상통처럼 이런저런 생각이 부쩍 심해졌다 저물녘 신작로를 지나는 낮은 발걸음으로 누군가 왔으면 좋겠다는 생각 오는 발걸음이 기왕이면 갯내 풍기는 어둑어둑한 사람이면 좋겠다는 생각

그리움이다, 만성이 된 그리움이다

* 경기민요 「창부타령」 중에서 인용 변형.

앉은뱅이 작은 방

합덕 가구점에서 키 작은 책꽂이 세 개를 사다 부산에서 읽던 책 세 박스 정리해 꽂아놓고 틈틈 시골 내려올 때마다 이용하던 낡은 침대 버리니 문간 작은 방이 제법 넓어졌다

좋구나 매화로다 어야 더야 어허야 디여라 사랑도 매화로다

걸레질을 하다말고 우두커니 시집 몇 권 꽂혀있는 책꽂이 바라본다 이 방에서 소년을 앓던 시절에도 등받이 의자에 책장 딸린 책상 없었을까만 내게는 앉은뱅이책상이 전부였다

인간이별 만사 중에 독수공방이 상사난이란다 좋구나 매화로다 어야 더야 어허야 디여라 사랑도 매화로다

두 무릎 꿇고 책을 읽던 앉은뱅이책상 잠금장치도 부서

지고 장석도 녹슬어 니스를 칠해봐야 볼품없겠지만 마루 밑에서 꺼내 켜켜 쌓인 먼지 걷어내고 들여놓으면 구색이 맞을 것도 같다

어저께 밤에도 나가자고 그저께 밤에는 구경 가고 무삼 염치로 삼상버선에 볼 받아 달라느냐 좋구나 매화로다 어야 더야 어허야 디여라 사랑도 매화로다

한 세대가 무색하다 검은 머리칼이 흰 머리칼 들고 집단으로 반란을 일으키도록 나는 조금도 이 방에서 벗어나지 못한 걸까?

안방 건넌방 가루다지 국화 새김에 완자무늬란다 좋구나 매화로다 어야 더야 어허야 디여라 사랑도 매화로다

생이 참 간단하다 딴에는 치열했다고 믿었던 파란만장도 결국 낡은 책상과 읽을거리 몇 권의 배경으로 요약된다 생각하니 우습다 생이 참 남루하다 한소끔 국수 끓는 물 같다

나 돌아가네 나 돌아가네 떨떨거리고 나 돌아 가누나

좋구나 매화로다 어야 더야 어허야 디여라 사랑도 매화로다

마음 게으르게 불은 국수처럼 풀어진다 넉장거리로 주저앉는 내 영혼, 앉은뱅이 작은 방

* 경기민요 「매화타령」 중에서 인용 변형.

꼰대바지

합덕 장날 바지를 샀다 발목이 뜨개조르개로 처리되어 찬바람 막아주는 국방색 누비바지 허리띠 대신 고무줄 팽팽한 이만 원짜리 꼰대바지를 샀다

노들강변 봄버들 휘휘 늘어진 가지에다 무정세월 한허리를 칭칭 동여 매어나 볼까

양털, 오리털, 토끼털 하다못해 싸구려 캐시밀론 솜도 아닌 스펀지 바지 농투성이 바지를 샀다

에헤요 봄버들도 못 믿으리로다 푸르른 저 물만 흘러 흘러서 가노라

합덕 장날 어슬렁어슬렁 꼰대들 면도는 무슨 면도, 세수는 무슨 세수, 아침 눈곱 겨우 떼고 나온 듯한 꼰대들 장터 노점에 앉아 벌컥벌컥 소주에 맥주 말아 삶은 돼지 염통을 먹는다

〉

노들강변 백사장 모래마다 밟은 자국 만고풍상 비바람에 몇 번이나 쉬어갔나

꼰대는 아무나 하나? 합덕 장날 외출 룩 꼰대바지에 물걸레로 닦아 신는 물구두 정도는 갖춰줘야 한다 서울 아들놈 내버리기 거시기해 갖다 준 낡은 파커 걸치고 쌈짓돈으로 소맥 정도는 마실 줄 알아야 한다

에헤요 백사장도 못 믿으리로다 푸르른 저 물만 흘러 흘러서 가노라

장래 희망이 선생이나 뭐 하다못해 면서기라도 되고 싶어서 한평생 책상물림으로 굳었지만 나는 이제 꼰대가 되고 싶다

노들강변 푸른 물 네가 무슨 망령으로 재자가인 아까운 몸 몇몇이나 데려갔나

자네 아능가? 이래봬도 내가 ㅇㅇ당 아무개하고는 사돈의 팔촌쯤 되는 사람이라니께 금세 뽀록날 거드름 피우며

입 냄새도 풀풀 풍기며 노점에 앉아 삶은 돼지 염통 한 점 소금에 찍고 싶다

에헤요 네가 진정 마음을 돌려서 이 세상 쌓인 한이나 두둥실 싣고서 가거라

씨 뿌리고 가꾸고 타작하는 법부터 배워서 밑바닥부터 차근차근 들판을 배워서 예당평야 꼰대 클럽 문지기라도 되고 싶다

*신민요 「노들강변」 중에서 인용.

해설

환상통에서 백년으로

— 차승호의 『난장』

김정숙(문학평론가, 충남대 교수)

차승호 시인의 고향인 당진에는 2014년 유네스코에 등재된 중요무형문화재 기지시줄다리기축제가 있다. 짚으로 두텁게 꼬아 만든 암줄과 숫줄 길이 100m, 줄 직경이 1m에 무게가 40톤에 이르는 기지시줄다리기는 500년 전통을 이어 오면서 줄로 하나 되는 세상을 꿈꾸고자 한 희망의 상징이라고 할 수 있다. 이웃 마을공동체의 안녕과 풍요를 기원하는 한바탕 놀이는 짐작건대 일상 속 힘든 삶의 해방감과 소속감을 느끼는 좋은 놀이의 장이었을 터이다. 차승호의 여섯 번째 시집 『난장』을 대하면서 기지시줄을 떠올린 이유는 차승호의 시적 원형을 이루는 그의 고향과 함께 힘든 농사일을 끝내고 석 달 넘게 엮어낸 당진 들판을 살아가는 농사꾼들의 삶의 애환이 겹쳐 보이기 때문이다.

시집 『난장』은 이전 시집들에서 보여준 농촌의 변화되어가는 현실과 농투성이의 삶, 고향에 얽힌 체험과 사람들의 이야기를 오롯하게 담고 있다. 고향에 대한 그리움과 귀향의식은 차승호 시의 근원을 이룬다. 스러져가는 농촌의 풍경과 자본에 밀려 사그라져가는 삶풍경을 그는 우직하고 일관되게 그려오고 있다. 그러면서도 이번 시집이 지닌 독특성은 구전의 노래들과 이야기들을 교차 병치하면서 해학과 극적인 장면들이 풍부하게 담겨 시공간이 확장되고 있는 점이다.

시인은 유동성과 이질성의 장소에 주목한다. 낮고 거칠고 투박한 것들이 모여드는 곳. 어떤 질서로 만들어지지 않는 흐르는 것들의 기운이 집약되는 곳. 우리는 그러한 곳을 '난장'이라 부른다. 난장은 닫혀 있거나 갑갑하지 않고 열려 있고 확산되는 성질을 지닌 장소이다.

이러한 특성은 시적 형식에서 우선적으로 나타난다. 시집 속에는 우리에게 익숙한 구전 노래들이 등장한다. 〈심청가〉, 〈수궁가〉, 〈홍보가〉, 〈춘향가〉, 〈변강쇠가〉, 〈적벽가〉 등의 판소리, 고려가요 〈만전춘〉과 〈동동〉, 단가, 제주 〈오돌또기〉, 황해도 〈몽금포 타령〉, 경기 〈오봉산 타령〉〈창부 타령〉〈매화 타령〉, 함경도 〈신고산 타령〉, 남도 〈진도 아리랑〉, 신민요 〈태평가〉〈노들강변〉 등의 민요 등이 변형 차용되고 있는데, 가령 이렇다.

약국에 들러 처방전을 내미는 손 쬐끔 쪽 팔렸지만 비아그라 여덟 알이 드디어, 마침내, 그리하여, 그러므로, 그럼에도 불구하고 오십 당년 생애 최초 주머니에 들어온 거지

그거 이리 도고 내가 젊어지고 갈란다 화초장 화초장 화초장 화초장 하나를 얻었다 얻었네 얻었어 화초장 하나를 얻었다 대장부 한걸음에 화초장 하나를 얻었네

이 기분을 뭐라 해야 할까, 금단의 열매를 손에 넣고 금기의 세계에 슬쩍 발을 디민 것 같은 기분이랄까

*아이고 이것이 무엇이냐? 초장? 초장 아니다 방장 천장 구들장 된장? 아니다 초장화 장화초 장초화 화장초? 아니다 아녀 화초장 하나를 얻었다**

집에 들어오자마자 턱하니 서랍 깊숙이 모시고 보니 왠지 마음 뿌듯해지는 것이 내밀한 비밀 생긴 것 같기도 하고 약육강식 무림 강호에서 든든한 호신부의 아이템 장착한

거 같기도 하고 감추면 감출수록 실실실 고장 난 전립선 오줌 새듯 웃음 흘러나오는 거라

—「그래, 쌀자루」 부분

오십 당년의 시적 화자가 "드디어, 마침내, 그리하여, 그럼으로, 그럼에도 불구하고" '비아그라'를 얻게 되는 과정과 〈홍보가〉에서 놀보가 '화초장'을 얻어 들러메는 장면을 교차시킴으로써 흥과 재미를 더해준다. '놀보가 화초장 얻어가는 대목'과, '놀보가 제비 몰러 가는 대목'을 변형하면서 시적 화자의 은밀한 쾌감이 판소리의 휘몰이 장단과 어울려 극적인 장면으로 연출된다. 그런데 이야기의 배경이 한바탕 펼쳐진 후 시의 마지막에 이르면 시적 의미의 전환이 이루어진다.

그렇다고 뭐 먹어봐야겠다는 마음 무장무장 일어나는 건 아니지만 정처 없던 삶에 다만 등 기댈 언덕 만난 거 같다고나 할까

끝나지 않는 잔치가 없듯 들뜬 마음 진정하고 곰곰 생각해 보니 이런 기분은 살아오면서 가끔 있었지 싶은 거라 갑자기 마음 싸한 거 있지

그래, 쌀자루

들판에서 가져온 쌀자루 베란다에 들여놓을 때마다 갱년기 빈 서랍에 처방받은 비아그라보다는 좀 더 정갈하고 은근한 웃음 저절로 번지는 것이 내복 없이도 한겨울 건널 수 있을 것 같고 그랬거든

조상의 위패 같은 쌀자루

—「그래, 쌀자루」 부분

"정처 없던 삶에 등 기댈 언덕"인 비아그라와 "들뜬 마음"을 불러온 화초장은 일시적인 쾌락과 물질적 소유인 점에서 시적 화자의 근원적 욕망을 채워주지 못한다. "정갈하고 은근한 웃음"을 번지게 하는 '쌀자루'를 만났을 때에야 진정 평안을 얻게 된다는 것을 시인은 말하고 싶은 것이다.

현재의 상황이 제시된 후 고전문학에서 그에 걸맞은 이야기나 장면이 뒤따르는 이와 같은 형식은 마치 소리를 주고받고 밀고 당기는 놀이와 같다. 왜 시인은 구전 가요와 판소리 등의 고전 양식을 소환한 것일까. 시인은 우리가 지닌 농촌에 대한 관습적인 이미지와 세태 등을 탈피해 어떤 새로움을 추구하고자 고심한다. 전통적인 공동체 내지 온

정주의로 갇힌 실체와 우리 스스로 가둔 농촌의 전형성에서 벗어나 욕망하고 상처 받는 생로병사의 모습을 현상화하기 위해 시간의 부침을 견디고 생명력을 얻은 고전문학 장르를 혼합하고 있다.

시집 속 고전 작품들은 과거에 머물러 있는 것이 아니라 현재의 요구에 의해 변주되고 있다. 시집 『난장』에 인용되고 변형된 민요, 판소리, 고려가요, 향가, 사설시조 등은 당시 초동급부 장삼이사와 같은 민중들의 삶과 애환을 그 어느 형식보다 풍성하게 담고 있기 때문이다. 정형화된 율격이나 형식을 넘어 파격적인 형상과 내용으로 표출된 특징을 또한 지니고 있다. 어떻게 하면 이전보다 더 궁핍해지는 농촌의 현실과 비인간화되는 사회를 그려낼 수 있을까 하는 새로움에 대한 시적 갈증이 『난장』을 추동한 힘이며, 고전 양식과 현대시를 절합하는 특이성을 낳은 것이다.

주지하듯 문화는 인류가 지내온 무늬이며 발자취이고 다양한 이야기의 내력을 품고 있다. 고려가요와 민요에 깃든 민중의 정서와 삶이 시적 주제와 결합됨으로써 시간과 공간을 넘나들며 시적 의미가 확산된다. 구전 장르들이 지닌 개방성과 이본의 변형성이 지금 이곳의 현실에 삼투되면서 형식과 내용의 형질을 강화시킨다. 이러한 독특한 시도를 통해 차승호 시인은 계속적으로 농촌에 애정을 갖고 터전을 이야기하고자 함이다. 겹겹 쌓이며 풍화를 견뎌낸

오랜 노래들에 새로운 입김을 불어넣는 시적 변형은 기층성이 지닌 미덕과 삶의 진경을 펼쳐내고 있다.

한 삽씩 지붕 헐 때마다 시공을 건너온 햇살 파인 자릴 메운다

오봉산 꼭대기 에루화 돌배나무는 가지가지 꺾어도 에루화 모양만 나누나

땅속 깊은 침묵이 명정마저 녹였는가 실밥만 남은 흔적으로는 증조부모 백년 문장 읽을 수 없다

오봉산 꼭대기 채색 구름이 뭉게뭉게 만학의 연무는 에루화 바람에 휘날리네, 에헤요 어허야 영산홍록의 봄바람

오랜만에 바람은 시원하실까, 변해버린 산과 들판 둘러보고 혹 타향이라 여기지는 않으실까

한지에 싸인 한 무더기 뼈 가타부타 말씀이 없다

세월이 가기는 에루화 흐르는 물 같고 사람이 늙기는 에루화 바람결 같구나

희로애락이니 오욕이니 칠정이니 하는 것도 백년쯤 묻었다 꺼내보면 참말 개수작일 것 같다

천 냥이요, 이천 냥이요, 만 냥이요 동전 세 닢 자릿세로 던져 넣고 곱게 빻은 뼛가루 등성이에 뿌린다

바람아 불어라 에루화 구름아 일어라 부평초 같은 세월 끝없이 한없이 가잔다

우수수 나뭇잎 두드리며 바람에 날리는 햇살들 뻐꾸기라도 울었으면 좋겠다 손차양을 하고 먼 골짝 한참 바라보는 환하디환한 날

에헤요 어허야 영산홍록의 봄바람

—「환한 날」 전문

이러한 풍경은 충청도 입말의 능청스러움과 너스레, 유머와 해학으로 발화된다. 시 속 욕설과 야담도 능청스럽다. 노랫가락과 장단의 너름새는 속도의 완급을 이룬다. 무엇보다도 시집 『난장』은 재미 있다. 토속적인 해학과 충청도 사투리의 구수한 입말, 육담(肉談) 등 공동체의 정서가 진

득하게 녹아 있다. 특히 '이야기'는 『난장』을 이루는 핵심 요소이다. 무려 3연 145행인 「놀란고라니경중최대한멀리뛰기삼보일배」는 "다소 길고 외우기도 어렵지만 유서 깊어질 이름이 붙"은 내막을 서사화한 시로, "이건 순전히 들은 얘기라 믿거나 말거난디, 모 지역 정가에 출사표 던지고 지역 심부름꾼으로 나서셨던 분 이바구"이다. 선거철만 되면 나타나는 정치인의 선거운동을 해학적으로 그려낸 장면들과 속담과 고사성어가 섞인 입담과 구술체는 현장감을 배가시킨다.

이런 현실에서 비판의 주요 대상은 '정치인'이다. 시편에 자주 재현되는 정치인은 희화화의 대상이거나 기회주의적이고 이해타산적인 성향을 상징한다. 표리부동하거나 "선거 때만 되면 일어나는 일상다반사의 악수握手 그들은 나와 악수惡手를 주고받았다는 사실을 알까?"(「악수握手 아니, 악수惡手」)며 반어적으로 풍자한다. 이전 시기부터 경제논리에 종속되어 온 농촌사회에 대한 안타까움과 소멸해가는 지역공동체에 대한 비판과 경종의 의미를 지닌다. 삶의 형태가 정치를 통해 제시되고 구현된다는 점에서 시인의 눈에 비친 '농투성이'와 '농촌'은 소외되고 타자화된 존재들이며, 권력을 욕망하는 대상들과 대비된다.

쪼매 상의할 게 있다는 전화 받고 달려간 고향집 농기계용 휘발유 두 통 한 차례 도둑맞고 쌀 20킬로 한 자루 또 감쪽같이 없어졌다고 팔순 노인네 쪼맨 거라도 CCTV 달잔다

…

노인네 서넛 남은 동네 빈틈이 너무 많아서 스물네 시간 허당인 동네, 평생 자물통이라고는 모르고 살던 동네에 좀도둑이 들었다

그립던 님 보고요 놀기도 하고요 몽금이 개암포 들렀다 가게나, 에헤요 에헤요 에헤요 들렀다 가게나

— 「도대체 누가 훔쳐갔을까유?」 부분

뭐라구유?

우리 집 자갈논이 공장부지로 들어간다구유? 난 반대유 안 그래도 한 번씩 내려갈 때마다 농촌에 무슨 신데렐라궁이니 지상낙원이니 모텔이다 술집이다 농투성이 힐끔거리기만 하는 물건 들어슨 거 보면 부아가 치미는구먼

뼛속까지 농투성이 동네 뭔 공장이 들어슨다능규?

— 「회장님, 회장님」 부분

'농촌' 은 시인이 마음을 쏟는 일차적 대상이다. 고향에 대한 한결같은 순정성은 차승호 시편들의 고갱이이며 정

서의 밑바탕을 이룬다. 이러한 촉수는 한 공간에만 국한되지 않고 기본적인 생계를 갖지 못한 사람들, 삶의 경계에 서 있는 부유하는 청년들, 시대의 중심에서 주변부로 밀려나고 있는 사회적 약자들을 비롯한 소외된 존재들로 향한다. 이들은 "도회지 사람 보기에 낭만이지 당사자는 쓸쓸하게 등골 빠지는 노동"(「이상구 씨」)을 하는 이 시대의 타자들이다.

뭘 그걸 갖고 그려? 취직시험 떨어졌다고 으등그릴 필요 읎다니께 일 못할까 걱정되능 겨? 쓰잘머리 읎는 걱정여 너 흙수저가 노는 거 봤니? 너는 대물림으로 확실한 흙수저니께 안달복달 이유가 읎능 겨 흙수저도 그냥 흙수저냐 애비나 너나 예당평야 무량수로 내려온 내력 고스란히 이어받은 원조 흙수저란 말이지

*둥둥둥 내 딸이야 어화둥둥 내 딸이야, 경부선 끄트머리 자갈치 어판장 둥둥둥 뜬살이로 흔들릴 때 너를 얻어 세상을 얻은 듯, 둥둥둥 내 딸이야 어화둥둥 내 딸이야**

한잔 헐터?
우리끼리
흙수저끼리

얼굴만 봐도 홍겨운 못난 놈**끼리
소맥 한잔 말어?

—「소맥 한잔 말어?」 전문

판소리「심청가」중에서 '심봉사가 갓 난 심청이 어루는 대목'을 변형한 것에서 보듯 시 속 아비와 딸은 "예당평야 무량수로 내려온 내력 고스란히 이어받은 원조 흙수저"이다. 부모 세대—시적 화자의 세대—딸의 세대에 걸쳐 대물림되는 가난과 개발이라는 명목으로 오랜 시간 형성된 원주민의 삶의 터전을 파괴하는 농촌의 현실이 비판적인 목소리로 채워진다. 이러한 현실은 농촌을 포함해 지역과 도시 곳곳에도 나타난다. 농어산촌의 노년층이 겪는 소외의식은 "경부선 끄트머리 자갈치 어판장 둥둥둥 뜬살이로 흔들릴 때" 귀하게 얻은 딸로 대표되는 도시로 몰리는 청년층에도 비켜가지 않는다. 도시로 몰리는 청년 세대의 집중화는 지방 소멸과 함께 정서적 고립감을 초래한다. 논에다 벼 대신 물류창고를 짓겠다는 것과 토끼가 용궁 나졸을 만나 '개' '소'라며 위기를 모면하는 과정이 교차 병치되면서 얻은 결과는 "사람 떠난 들판"(「저건 이제 논도 아녀」)이다.

사람 떠난 들판은 나이듦에 대한 감지와 시적 화자의 몸으로 환유된다. 성과 관련된 야설과 은근 짜한 농담에는 몸의 변화를 인정하는 한편 한 번쯤 절정의 순간을 느껴보고 싶은 욕망이 섞여 있다. 시적 화자는 "낫살이나 먹어서 되도록이면 그런 상상(?) 안하고 그야말로 **즘잖허게** 살려고 노력하는 편인데" 농익어 벌어진 여주의 틈새를 보니 "은근슬쩍 담치도 떠오르고 **즘잖허지** 못한 생각 저절로 든다."(「여주」) "나이 오십이면 천명을 알 때라던디 그래서 그런지 내가 요즘 가슴 젖어오는 생각이 있단 말이지 그게 무슨 생각인고 하면 이거 남우세스러워서 말해야 되나 말아야 되나? 아나고 앞에 놓고 말이지 하고 먹어야 되나 먹고 해야 되나 망설이듯 고민"(「신탁」)을 한다. 흐물흐물 시르죽게 푹 삶아진 갱년기를 떠올리게 하는 가지나물을 보고 기분 껄쩍지근해 한다. 시간의 한복판을 지나며 몸도 마음도 적응하기가 쉽지 않다.(「시인의 말」)

갱년기의 이러한 마음 변화는 계절의 변화와도 조응한다. "봄바람이 한 번만 더/ 체면을 돌보지 않는다면/ 오르가슴 그 폭발의 순간이/ 곧 올 거 같다"는 기대에 찬 예감은 남녀상열지사로 회자되는 고려가요 「만전춘」의 "금수산 이불 안에 사향각시를 안고 누워 약 든 가슴을 맞춥시다"며 "숨 막히는 관음의 불온한 기대가/ 경개에 가득 찬다."(「춘정春情」) 시 제목 '춘정'은 마른 나무들의 생명을 깨우며 약동하는 봄의 정취이며 남녀 간의 정욕을 형상화한다. 한 사람의 생은 어떤 정점의 시기가 지나가고 있음을 느끼는 순간 복잡한 감정에 놓이게 된다. 지나간 날들에 대한 회억만큼 다가올 시간에 대한 수긍이 지금 이곳에서 마주한 시인의 시간이며 상황이다.

의류수거함에 낡은 양복을 넣으려다 한동안 내 몸에 깃들었음을 생각하니 "따지고 보면 옷이란 몸의 집인 셈 낡은 옷일수록 내 몸 솜털까지 꿰고 있어서 어쩌면 마음까지 꿰고 있어서 입으면 편해지는" 마음에 자꾸 눈이 간다. "담낭에 문제가 생겨 떼어버린 요즘 부쩍 눈도 침침해지고 탈탈 양기 몰린 입을 털어도 낡아가는 기분에 씁쓸해진다 거울을 봐도 어디 한 군데 윤나는 데 없다.… 오십 줄에 들어서도록 나는 어떤 집으로 살아온 걸까? 집은 고사하고 짐으로 살아온 건 아닐까?"(「낡은 양복」) 반문하는 시적 화자는 밥 세끼 먹는 것도 때 되어 먹으니 맛이 있을 리가 없다. 여름철 단순 습진도 잘 낫지 않고, 꿈도 낡아 밤 깊어도 잠들지 못한다. "시계불알이 따로 없다 밥벌이를 위하여 전전긍긍이다 생활이 만성이니 질병도 만성으로 오는 모양 시적부적 시간이 늙어간다."(「만성에 대하여」)

환상통처럼 이런저런 생각이 부쩍 심해졌다 저물녘 신작로를 지나는 낮은 발걸음으로 누군가 왔으면 좋겠다는 생각 오는 발걸음이 기왕이면 갯내 풍기는 어둑어둑한 사람이면 좋겠다는 생각

그리움이다, 만성이 된 그리움이다

—「만성에 대하여」 부분

고향에 내려올 때마다 시집 몇 권 꽂혀있는 책꽂이와 앉은뱅이책상이 전부였던 작은 방을 보며 시인은 "한 세대가 무색하다 검은 머리칼이 흰 머리칼 들고 집단으로 반란을 일으키도록 나는 조금도 이 방에서 벗어나지 못한 걸까?" (「앉은뱅이 작은 방」) 생각한다. 시인은 "생이 참 간단하다 딴에는 치열했다고 믿었던 파란만장도 결국 낡은 책상과 읽을거리 몇 권의 배경으로 요약된다 생각하니 우습다 생이 참 남루하다 한소끔 국수 끓는 물 같다"고 읊조린다. 지나고 보니 시인에게 생은 간단하고, 우습고, 남루하다.

자신의 몸과 마음의 나이를 헤아려지는 일은 절단된 사지에서 느끼는 통증성 감각 이상인 '환상통'을 앓을 것과 같을 터인데, 이는 다시는 만질 수 없는 만성된 '그리움' 때문일 것이다. 시인에게 아버지는 환지통처럼 아픈 그리움의 존재다. 아버지 임종을 지키러 가는 길이 멀었으면 좋겠는 마음, "세류리에서 합덕 가는 십리길 그곳에 가면 참외 지게 받쳐놓고 멀찍이 플라타너스 이파리로 얼굴 가리고 누가 홍정해 오기를 기다리는 내 젊은 애비가 서 있"을 것만 같고, "간다 온다 말도 없이 훌쩍 떠난 그 사람 야멸

찬 그 사람이 죽도록 보고 싶"(「세류리에서 합덕 가는 십리길」)다. 아버지에 대한 그리움으로 부르는 시인의 사부곡은 곧 떠밀리듯 떠날, 지켜내야 할 존재들에 대한 애처로운 만가(挽歌)로 들려온다.

자동차가 십년이 넘었다 부산에서 당진까지 다섯 시간을 무시로 달린 자동차 좀 괜찮은 차 사라고 아버지가 보태준 돈 다 떼먹고 장만한 좀 헐한 자동차 시동을 걸 때면 가래가 끼는지 자주 밭은기침을 한다

…

자동차가 십년이 넘었다 여기저기 흠집도 많고 잔고장도 심심치 않은 자동차 그냥 폐차를 해야 하나, 중고로 팔아야 하나? 차 바꿀 생각에 통장 잔고를 확인하며 잔머리 굴리는 일이 잦아졌다

…

아버지 파묻듯 차를 바꾸면 내 옆자리 통증도 사라질까? 시속 백십 킬로로 당진까지 달리는 동안 공중으로 흩어지는 휘발유처럼 내 통증도 휘발될까?

—「자동차 이야기」 부분

어쩌면 시인 차승호가 애면글면 노래하는 예당평야와 세류리와 농투성이들은 사라져서는 안 될 존재들을 상징

한다. 잃고 나서야 밀려오는 아픈 옆자리 통증이다. 너무 늦기 전에 살뜰하게 챙기고 돌보아야 한다고 말하는 시인 차승호로 인해 작고 소박한 존재들은 그래서 환하다.

소멸은 상처를 동반한다. 농토와 농촌을 잃게 된다면 우리는 환지통을 앓게 될른지도 모른다. 여기에서 주목할 것은 시인은 비극적인 정서나 절망 대신 자조적 해학과 희화화를 통해 소멸되어가는 농촌 공동체에 여전히 긍정과 믿음을 지니고 있는 점이다. 농촌과 농토, 그리고 그곳을 지켜내고 있는 이웃 사람들에 대한 깊은 애정이 깃들어 있는 것이다. 곧 차승호 시의 미덕은 인간에 대한 은근한 애정과 생명을 길러내는 '땅' 에 대한 믿음과 타자를 향한 건강성에 있다.

> 러시아식 짝퉁 샤프카 눌러 쓰고 톱밥 난로 둘러앉은 염주처럼 둥그런 뒤통수들을 꽃이라 하면 어떤가
>
> 커피 전문점 엔젤리너스나 카페베네도 아니고 그렇다고 어디가나 흔해빠진 읍내다방도 아니고 합덕 버스터미널에서 만난 그 이름도 청순가련한 딸기다방
>
> 오가는 길손보다 동네 꼰대들 죽때리는 딸기다방 투박한 손으로 그러쥔 쌍화차에서 모락모락 뜨거운 김 솟아오르고

시간이 멈춰버린 딸기 다방

눈은 내리고, 하염없이 내리고
열여덟 순정처럼 눈은 내리고

니코틴과 막걸리에 찌든 황금이빨 내보이며 꼰대들 하품하는 사이 담배 꼬나물고 들어서던 젊은 놈 후다닥 사라지는 저 허겁지겁 또한 꽃이라 하면 어떤가

여게, 방금 자네 아들놈 왔다 가던디
그놈이라고 뭐 눈 오는 날 집에 있고 싶겄나?

해가 바뀌거나 말거나 누가 오는지 가는지 그런개비다, 하는 꼰대들 삶의 배경으로 물러앉아 들판이 된 저 무위無爲의 병풍들을 백년 꽃이라 하면 어떤가

—「백년 꽃」 전문

아버지의 임종 이후의 「백년 산길」, 「백년 상수리나무」, 「백년 농사」, 「백년 꽃」은 소멸하지 않는 영원성을 희구하는 염원의 시편들이다. 자연사에 속하는 산길, 상수리나무, 꽃에 비견될 것은, 자연에 가장 닮아 있는 인간사에 속하는 농사라는 의미가 웅숭깊게 다가온다. '백년' 의 상상

력은 느리게 천천히 걷고 바라보는 태도를 환기한다. '만성으로 남은 희망'(「시인의 말」)은 쉽사리 포기하지 않겠다는 역설의 말임이 비로소 성립된다.

모든 것은 구성되고, 대체되고, 보완되고, 혼합되고, 해결된다. 그것이 '정신' 임을 강조한 폴 발레리처럼 차승호 시인은 첫 시집부터 이어온 약하고 낮은 존재에 대한 의식에 고전적 양식의 차용을 통해 변모를 꾀하고 있다. 이러한 시적 의지는 단순한 것과 복잡한 것, 과거의 모습과 미래의 예견되는 모습, 회귀와 지향의 혼합을 통해 역동적으로 세계에 개입하고 자극을 주는 데 기여한다. 슬픔을 품은 해학, 인간사의 비의를 품은 농담에서 분출되는 감정이 『난장』을 이루는 목소리다. 만화방창 봄날에 "숨 막히는 관음의 불온한 기대가/ 경개에 가득"(「춘정春情」) 차듯 시인은 여전히 희망의 씨앗을 품고 있다. 더 나아가 암울한 농촌사회와 공동체에 대한 역능에 기반한 전망을 다음 시대로 이어가길 기대한다.

몹시 기를 쓰며 고집을 부리거나 애를 쓰는 '으등거림'들의 섞임이 이 시집이 지닌 힘의 원천이다. 미래에의 희망을 품는 일은 시공을 초월해 공존하고자 하는 마음, 그리고 미래로 이어질 수 있다는 믿음이라고 할 수 있다. 이러한 인식은 그저 얻어진 것이 아니라 치열한 파란만장의 시간을 견디며 체화된 우리 농촌에서 비롯된 것이다. '백년'

은 우리가 온갖 고통과 시련을 견디며 온 시간의 지층과 앞으로 살아낼 시간의 도래를 상징한다.

> 나는 모른다 푸른 들판 쌀이 되기까지 밥이 되기까지 도정을 모른다 논바닥 빈틈없이 지문 찍는 맨발의 뜨거움을 모른다
>
> 한 사발 밥 앞에 경건한 적 있었던가?
>
> —「밥」 전문

시 「밥」은 이 시집의 서시라고 할 만하다. 시인은 하얀 한 사발 밥이 만들어지기까지의 시간과 과정의 경건함을 시화한다. '나는 모른다, 모른다, 모른다' 고 말하는 세 번의 낮은 음성은 성경 속 예수의 존재를 부인하던 베드로의 장면을 떠올린다. "논바닥 빈틈없이 지문 찍는 맨발의 뜨거움" 을 강조하는 시인의 역설은 들판에서 온 생애를 바친 이 땅의 농투성이에 대한 헌사이다. 또한 누군가를 살리는 양식으로서의 '밥' 은 사람의 피땀과 자연의 순환의 빚어낸 숭고한 대상이다.

이처럼 『난장』이 꿈꾸는 세계는 열려 있다. 이곳은 이질적인 것들을 모으고 연결하고 확장시킨다. 합덕 장날, 세류리, 부산과 같은 실제의 장소와 솔직한 감정과 속사정에 대한 형상화는 현실감을 더해준다. 여러 장르에 담긴 감정

들과 목소리는 복화술적 기능을 하며 다성성을 이룬다. 고전시가와 판소리 사설 등을 차용하면서 현재와 과거의 감정과 이야기가 서로를 끌어당기며 홍성스럽게 난장의 장소성을 구현해내고 있다. 거듭 강조하면 '난장'은 욕구들이 분출될 가능성과 개방성들이 합류되는 역능의 공간이다. 이것은 농촌에 대한 고정된 인식과 자본으로 영토화된 세계로부터 탈주하려는 의지의 다른 표현이다.

고향 사람들과 농투성이들에 대한 그리움과 연민은 차승호 시가 지닌 정서적 고유성이다. 소외된 존재들과 사라져가는 세계에 대한 응시가 이 시대에 더욱 값진 이유이다. 시집 『난장』은 시간의 지층으로 켜켜이 쌓아진 다양한 구전문학과 고향의 장소성과 입말이 결합된 이 시대에 보기 드문 차승호만의 미학을 성취하고 있다. 또한 경쟁과 자본에 의해 맹목적으로 정교화되는 사회적 인식적 구조를 탈피할 자유분방함과 넌출거리는 유동성을 보여준다. 『난장』은 현재의 삶과 과거의 삶을 암줄과 숫줄로 잇대어 미래의 삶에 가닿고자 고투하는 시인 차승호의 새롭고도 오래된 꿈의 이본이다.

애 지 시 선

002 붉디 붉은 호랑이 장석주 시집
003 붉은 사하라 김수우 시집
004 자전거 도둑 신현정 시집
005 정비공장 장미꽃 엄재국 시집
006 기차를 놓치다 손세실리아 시집
007 바람의 목례 김수열 시집
008 그리운 연어 박이화 시집
009 뜨거운 발 함순례 시집
010 정오의 순례 이기철 시집
011 그 남자의 손 정낙추 시집
012 즐거운 세탁 박영희 시집
013 구룡포로 간다 권선희 시집
014 좋은 날에 우는 사람 조재도 시집
015 여수의 잠 김열 시집
016 축제 김해자 시집
017 뜻밖에 박제영 시집
018 꽃들이 딸꾹 신정민 시집
019 안개부족 박미라 시집
020 아배 생각 안상학 시집
021 검은 꽃밭 윤은경 시집
022 숲에 들다 박두규 시집
023 물가죽 북 문신 시집
024 마늘 촛불 복효근 시집
025 어처구니 사랑 조동례 시집
026 소주 한 잔 차승호 시집
027 기찬 날 표성배 시집
028 물집 정군칠 시집
029 간절한 문장 서영식 시집
030 고장 난 아침 박남희 시집
031 하루만 더 고증식 시집
032 몸꽃 이종암 시집
033 허공에 지은 집 권정우 시집
034 수작 김나영 시집
035 나는 열 개의 눈동자를 가졌다 손병걸 시집
036 별을 의심하다 오인태 시집
037 생강 발가락 권덕하 시집
038 피의 고현학 이민호 시집
039 사람의 무늬 박일만 시집
040 기울어짐에 대하여 문숙 시집
041 노끈 이성목 시집
042 지독한 초록 권자미 시집